PEP GUARDIOLA

88 combinaciones de ataque y patrones de juego posicionales directamente de las sesiones de entrenamiento de Pep

Publicado por

PEP GUARDIOLA

88 combinaciones de ataque y patrones de juego posicionales directamente de las sesiones de entrenamiento de Pep

Primera edición en inglés publicada por SoccerTutor.com: Julio de 2019
Primera edición en lengua italiana: Diciembre de 2021

info@soccertutor.com | www.SoccerTutor.com

UK: 0208 1234 007 | **US:** (305) 767 4443 | **ROTW:** +44 208 1234 007

ISBN: 978-1-910491-51-5

Copyright: SoccerTutor.com Limited © 2019. Todos los derechos reservados.

Todos los derechos reservados. Ninguna parte de esta publicación puede ser reproducida, almacenada en un sistema de recuperación, o transmitida en cualquier forma o por cualquier medio, electrónico, mecánico, fotocopia, grabación o de otra manera, sin la autorización previa por escrito del propietario de los derechos de autor. Tampoco puede ser distribuida en ninguna forma de encuadernación o cobertura distinta de aquella en la que se publique y sin condiciones similares, incluida esta condición impuesta a un comprador subsiguiente.

Editado por

Alex Fitzgerald - SoccerTutor.com

Diagramas

Diseños de diagramas por SoccerTutor.com. Todos los diagramas de este libro han sido creados usando el software SoccerTutor.com Tactics Manager disponible desde www.SoccerTutor.com

Diseño de portada por: Alex Macrides, Think Out Of The Box Ltd.
Email: design@thinkootb.com Tel: +44 (0) 208 144 3550

Nota: Si bien se ha hecho todo lo posible para asegurar la exactitud técnica del contenido de este libro, ni el autor ni los editores pueden aceptar ninguna responsabilidad por cualquier lesión o pérdida sostenida como resultado del uso de este material.

CONTENIDOS

LOGROS DE PEP GUARDIOLA 9
PEP GUARDIOLA: LAS MEJORES CITAS DE LOS JUGADORES 10
DIAGRAMAS 11
FORMATO PRACTICO 11

PATRONES POSICIONALES DEL ENTRENAMIENTO EN EL JUEGO DE PEP GUARDIOLA 12

LA FILOSOFÍA DE ATAQUE DE PEP GUARDIOLA: LOS MEJORES EJEMPLOS. 13
LA FILOSOFÍA DE ATAQUE DE PEP GUARDIOLA: ASPECTOS CLAVE. 14
EL JUEGO DE POSICIÓN DE PEP GUARDIOLA 15
ZONAS DEL CAMPO DE ENTRENAMIENTO DE PEP GUARDIOLA: ÁREAS CLAVE 16
ZONAS DEL CAMPO DE ENTRENAMIENTO DE PEP GUARDIOLA: REGLAS Y OBJETIVOS. 17
LA IMPORTANCIA DE LOS "MEDIOS ESPACIOS" DE PEP GUARDIOLA 18
EJEMPLO DE LOS "MEDIOS ESPACIOS" DE PEP GUARDIOLA: MAN CITY (4-3-3) 19

PATRONES DE JUEGO POSICIONALES DE ATAQUE (4-3-3) 20

CONSTRUIR EL JUEGO DESDE EL PORTERO 21
Desarrollar el juego a partir del inicio del portero: situación de 3 contra 3 a lo ancho 22
1. Ejemplo A: Pase a FB bloqueado y DM muy marcado. 22
2. Ejemplo B: Pase a DM bloqueado y FB muy marcado 23
3. Ejemplo C: Pase al extremo bloqueado y DM muy marcado 24

PATRONES DE JUEGO POSICIONALES DE ATAQUE: 4-3-3 CON ESPALDAS INVERTIDAS 25
FORMACIÓN 4-3-3 DE MANCHESTER CITY 27
LA FORMACIÓN ATAQUE 2-3-2-3 DE MANCHESTER CITY (4-3-3) 28
POSICIONAMIENTO Y RECEPCIÓN EN LOS "MEDIOS ESPACIOS" (4-3-3) 29
CONFIGURACIÓN DE ENTRENAMIENTO DE PEP GUARDIOLA (ESPALDA COMPLETA INVERTIDA) 30

1. Ambos mediocampistas ofensivos se combinan para atacar por el centro 31

2. El mediocampista ofensivo se mueve hacia dentro para recibir la descarga del delantero y pasar por detrás al extremo. 32

3. El mediocampista ofensivo recibe en el "medios espacio", regatea adentro y juega detrás del extremo. 33

4. El mediocampista ofensivo se mueve hacia adentro para recibir el pase del delantero, regatear y rematar. 34

5. Mediocampistas ofensivos pasan por detrás al lateral desde el "medio espacio" después de la salida hacia adelante 35

6. Pase del mediocampistas defensivo al delantero + Descarga al mediocampista ofensivo para un pase por detrás 36

7. Pase del lateral al delantero + descarga al mediocampista ofensivo para un pase por detrás. 37

8. Pase aéreo diagonal del mediocampista defensivo detrás del extremo + desmarque. 38

Variación de patrón de juego posicional de ataque: Añadir 1 defensa y 2 muñecos de mediocampo 39

PATRONES DE JUEGO POSICIONALES DE ATAQUE: 4-3-3 buscando las espaldas. 40

ENTRENAMIENTO DE PEP GUARDIOLA (MOVIMIENTOS-AUTOMATISMOS). 42

1. Despliegue de medios defensivos y pase a medio ofensivo para jugar detrás del extremo. 43

2. Pase al medio defensivo "ficticio" del delantero para que el medio ofensivo corra y anote. 44

3. Delantero juega el pase del medio defensivo para la carrera del tercer hombre del medio ofensivo. 45

4. Juego combinado de medio defensivo en el centro + pase aéreo digagonal detrás del extremo. . 46

PATRONES DE JUEGO POSICIONAL DE ATAQUE(4-3-3). 47

FORMACIÓN FC BARCELONA DE PEP GUARDIOLA (1- 4-3-3) 49

POSICIONAMIENTO Y RECEPCIÓN EN LOS "MEDIOS ESPACIOS" (1-4-3-3) 50

1. Cambiar el juego para que el extremo reciba arriba y detrás usando pases cortos / medios. 51

2. Cambiar el juego con un pase largo para que el extremo reciba y conduzca el balón hacia adelante. . . . 52

3. Atacar por el centro con un pase aéreo por detrás y la carrera del mediocampista ofensivo. 53

4. Temporizar para combinar, recibir en la superposición, cruzar y finalizar. 54

5. Temporizar para combinar, cambiar de juego, cruzar y finalizar. 55

6. Combinación de ataque de cuatro jugadores con pase directo, centro y remate por el lado izquierdo. 56

7. Combinación de ataque de cuatro jugadores con pase directo, centro y remate por el lado derecho. . . 57

PATRONES DE JUEGO POSICIONALES DE ATAQUE (3-5-2) 58

FORMACIÓN DEL MANCHESTER CITY DE PEP GUARDIOLA (3-5-2). 60
COLOCACIÓN Y RECEPCIÓN EN LOS "MEDIOS ESPACIOS"(3-5-2). 61
CONFIGURACIÓN DE ENTRENAMIENTO DE PATRONES DE PEP GUARDIOLA (3-5-2). 62

Pase de mediocentro defensivo para descarga del delantero buscando tercer hombre 63

1. Ambos delanteros retroceden para combinar + Tercer hombre del mediocampista atacante corre detrás 64

2. Delantero descarga al segundo delantero + mediocampistas ofensivos Tercer hombre corre para recibir en el centro 65

3. Delantero descarga al segundo delantero + mediocampistas ofensivos Tercer hombre corre detrás 66

4. Juego rápido combinado entre el mediocampista ofensivo y 2 delanteros 67

5. Uso de las combinaciones rápidas del mediocampista defensivo para mejorar el juego de los delanteros 68

Cambiar el eje de ataque y pase para el desmarque del carrilero 69

1. Cambiar el juego para que el carrilero vuelva a recibir detrás 70

2. Cambio aéreo del juego del mediocampista defensivo al carrilero + desmarque del mediocampista ofensivo 71

3. Usar el juego corto para cambiar el punto de ataque por detrás del lateral 72

4. Desplazamiento del delantero al segundo delantero para cambiar el punto de ataque para desmarque del carrilerol 73

5. Juego combinado con mediocampista defensivo + pase por detrás al carrilero del lado débil. 74

6. Descarga del delantero para cambiar el ataque al mediocampista ofensivo lateral débil + Pase al carrilero 75

Descarga del delantero para que el mediocampista ofensivo 76

1. Pase aéreo del mediocampista ofensivo desde el centro hasta el carrilero. 78

2. Medio ofensivo que recibe el descarga del delantero + pase por detrás del lateral. 79

3. Medio ofensivo que recibe la descarga del delantero + pase por detrás al lateral (1) 80

4. Medio ofenisvo que recibe la descarga del delantero + pase por detrás al lateral (2) 81

5. Pase superando lineas + tercer hombre de carrilero que se desmarca para recibir detrás 82

6. Medio ofensivo que recibe la dejada del delantero + pase al desmarque del segundo delantero. . 83

Pep Guardiola detiene la sesión de entrenamiento en este punto y realiza cambios 84

El mediocampista atacante retrocede y el delantero se mueve al "medio espacio" para enlazar 85

1. El delantero recibe descarga en "medio espacio" y pasa al interior para que el mediocampista ofensivo drible y filtre pase 86

2. Descarga doble para pase del mediocampista defensivo por detrás al lateral 87

3. El uno-dos del extremo con el delantero en el "medio espacio" para recibir detrás 88

4. Extremo retrocede y hace una carrera hacia adelante para recibir y trás conducción pase hacia atrás para finalizar 89

5. El medio atacante retrocede y el delantero se desplaza para combinar dentro del "medio espacio" y cambiar el juego 90

6. Cambiar el juego de un carrilero a otro con el pase aéreo del mediocampista ofensivo 91

7. Se desplaza a través del "medio espacio" para recibir el pase del medio ofensivo al lateral que llega desde atrás 92

8. Descarga del delantero para que el segundo delantero juegue un pase aéreo diagonal detrás del carrilero 93

Consolidar la posesión antes de jugar con pase aéreo diagonal por detrás 94

1. Juego combinado rápido en el centro y pase aéreo corto en diagonal buscando el desmarque del delantero 95

2. Juego combinado con varias descargas + pase aéreo diagonal buscando el desmarque del delantero 96

3. Juego combinado rápido en el centro con descargas + pase aéreo diagonal al carrilero y dejada al delantero 97

4. Cambiar el juego de un carrilero a otro y viceversa con una descarga + Pase aéreo diganoal 98

5. Juego combinado rápido en el centro con descargas + pase aéreo diagonalal carrilero y dejada al delantero (2) 99

6. Juego combinado rápido dentro del "medio espacio" + pase aéreo diagonal al carrilero opuesto 100

Juego combinado con el carrilero para atraer rival y luego alejar 101

1. Combinación doble de cara para que el carrilero reciba a la espalda (1) 102

2. Combinación doble de cara para que el carrilero reciba a la espalda (2) 103

3. Juego de cara en varias aciones para llegar el balón al carrilero y que haya ruptura del medio ofensivo 104

4. Cambio de juego de lado a lado combinativo hasta llegada del carrilero y desmarque a espalda del medio ofensivo 105

5. Delantero y medio ofensivo rompen las líneas a la espalda tras acciones de apoyo combinativo . 106

Desmarque de ruptura del mediocampista ofensivo para recibir y conducir por el centro 107

1. Juego combinado rápido dentro en "medio espacio" + Pase al centro para ruptura del medio ofensivo 108

2. Ambos delanteros atraen hacia el balón para dejar espacio a la llegada de atrás del medio ofensivo . . 109

COMBINACIONES DE ATAQUE Y FINALIZACIONES 110

Ataque combinado para crear espacios y finalizar 112

1. Pasar y devolver para recibir en una combinación de ataque con descarga, regate y remate 113
2. Combinación de pases y buscar espalda de defensores 114
3. Combinación de pases + Recibir pase raso en desmarque y Disparar 115
4. Combinación de pases + Recibir pase aéreo en desmarque y Disparar 116
5. Combinación y pase aéreo diagonal a espaldas buscando tercer hombre + llegada 117
6. Uno-dos, pase amplitud, cruzar y finalizar 118
7. Uno-dos, pase aéreo diagonal para anotar llegando desde atrás 119
8. Uno-dos, pase amplitud, desdoblamiento y pase cruzado para finalizar 120
9. Pases rápidos, uno-dos y diagonal a espalda para que el compañero de equipo reciba y termine 121
10. Combinación corta, pase con amplitud para cruzar y centro lateral al área 122
11. Combinación con descarga, pase con amplitud y centro lateral al área, con llegada al punto de penalti 123
12. Los delanteros se cruzan para llegar a zona de finalización para recibir centro lateral y finalizar. 124
13. Juego combinado de pases cortos en banda, centro y remate 125
14. Pases cortos por dentro, juego amplio, uno-dos, recortar y finalizar en un 5 contra 2 126

Ataque en duelos 3v2 127

1. Duelos rápidos 3v2 (+ POR) 128
2. Duelos rápidos 3v2 (+ POR) con 1 defensor comenzando desde una posición lateral 129

Circuitos de ataque en juego combinado 130

1. Circuito de juego combinado con pase por detrás y finalización con ejercicios de velocidad..... 131
2. Circuito de juego combinado con pase aéreo diagonal por detrás y finalización con ejercicios de velocidad 132
3. Circuito de juego combinado con regate por detrás y finalización con ejercicios de velocidad ... 133
4. Circuito de pases con ejercicios de velocidad + regate y finalización 134

Atacar con el juego combinativo en las prácticas de aconcionamiento y velocidad 135

1. Pasar, regatear y disparar en un circuito de calentamiento. 136

2. Pasar jugada combinada con doble uno-dos y tiro en un circuito de calentamiento 137

3. Combinación doble uno-dos, cruzado y acabado en una práctica de velocidad 138

4. Combinación uno-dos de ancho, cruce y remate en una práctica de velocidad y acondicionamiento. 139

5. Recibir para cruzar y cronometrar carreras hacia el área de penalización en una práctica de resistencia a la velocidad 140

6. Juego de combinación rápida con descarga, carrera superpuesta, centro y llegada. 141

7. Acciones combinadas, cruzar y finalizar en una práctica de velocidad y acondicionamiento 142

8. Combinación uno-dos, carrera de superposición para cruzar y carreras de tiempo en el área de penalización en una práctica de resistencia de velocidad 143

LOGROS PEP GUARDIOLA

CARRERA COMO ENTRENADOR

- **Manchester City** (2016 - Actualidad)
- **Bayern Munich** (2013 - 2016)
- **Barcelona** (2008 - 2012)
- **Barcelona B** (2007 - 2008)

"Cuando tengo el balón, tengo la oportunidad de marcar un gol".

"Mi fútbol es simple: me gusta atacar, atacar y atacar".

"En caso de duda, vuelta a lo básico, ataque, ataque, ataque siempre".

TITULOS (Europa/Mundo)

- UEFA Champions League x 2 (2009, 2011)
- FIFA Club World Cup x 3 (2009, 2011, 2013)
- UEFA Super Cup x 3 (2009, 2011, 2013)

TITULOS (Liga domestica)

- Premier League x 3 (2018, 2019)
- Bundesliga x 3 (2014, 2015, 2016)
- La Liga x 3 (2009, 2010, 2011)
- Tercera división española (2008)

TITULOS (Copas domesticas)

- FA Cup (2019)
- DFB-Pokal x 2 (2014, 2016)
- Copa del Rey x 2 (2009, 2012)
- EFL Cup x 2 (2018, 2019)
- Supercopa de España x 3 (2009, 2010, 2011)

RECONOCIMIENTOS INDIVIDUALES

- FIFA World Coach of the Year (2011)
- European Coach of Season - Press Association (2011)
- European Coach of Year - Alf Ramsey Award (2009)
- English Premier League Manager of Season (2018)
- La Liga Coach of the Year x 4 (2009, 2010, 2011, 2012)

PEP GUARDIOLA: LAS MEJORES CITAS DE LOS JUGADORES

"Tenía un maestro único. Crecí mucho con Pep como jugador y aprendí mucho de él. Algunos entrenadores son excelentes tácticamente, pero Pep también describía los movimientos que tenia que hacer en el campo y lo que sucedería entonces. ¡Y lo hizo!" (Lionel Messi)

"Es un genio que lee el juego y cubre todas las situaciones imaginables. Siempre nos está mostrando cómo crear espacios y encontrar soluciones y no hay un líder como él, lo que lo convierte probablemente en el mejor del mundo". (Ilkay Gündoğan)

"Hay una cosa de la que puedes estar seguro: quiere dominar. La gente asocia a sus equipos con la cantidad de goles que marcan, pero sus equipos tampoco conceden mucho. Siempre quiere estar un paso por delante, tener el balón, la posesión y quiere dominar". (Thierry Henry)

"He aprendido mucho de Pep. Es un genio. Puedo aprender más de él en una hora que de otros en un año. No solo te eleva al siguiente nivel en el campo, sino también en tu mente. Me ha revelado opciones totalmente nuevas. No sabía que eso era posible cuando llegué a Munich. Encontró un nuevo puesto para mí". (Douglas Costa)

"Es un entrenador increíble, en un nivel completamente diferente en términos de táctica. Realmente ayuda a los jugadores a desarrollarse e incluso me ayudó a mejorar a los 30 años". (Phillip Lahm)

DIAGRAMAS

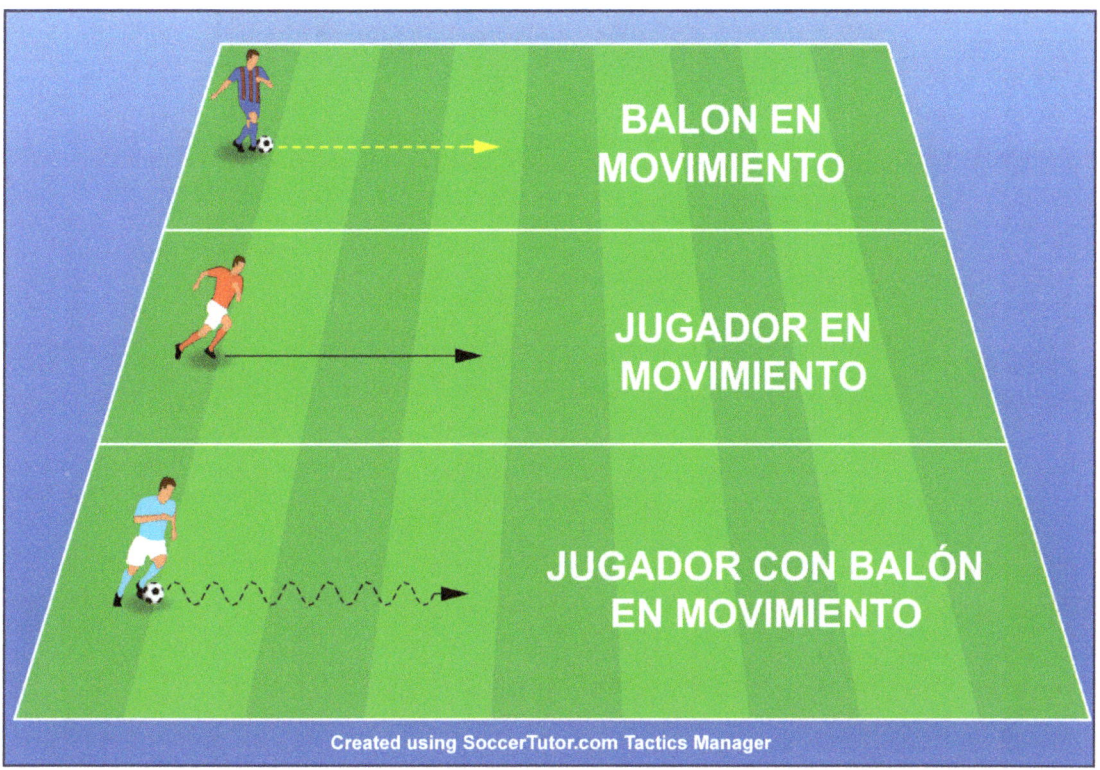

FORMATO PRACTICO

- Los ejercicios de este libro son directos de los entrenamientos de Pep Guardiola en Manchester City, Bayern Munich y FC Barcelona.

- Cada combinación de ataque o patrón de juego posicional de ataque incluye el tema / nombre de la práctica y diagramas claros con una descripción detallada.

PATRONES POSICIONALES DE ENTRENAMIENTO DE JUEGO CON PEP GUARDIOLA

PATRONES POSICIONALES DE ENTRENAMIENTO DE JUEGO CON PEP GUARDIOLA

LA FILOSOFÍA ATAQUE DE PEP GUARDIOLA: LAS MEJORES CITAS

"Puedes perder balones y enfrentarte a contraataques. Pero creo que es más arriesgado cuando no arriesgas".

"Es imposible ser estrecho contra una defensa profunda. Primero ser amplio y luego, correr detrás".

"Intento mover a un oponente defensivo bien organizado, moverlo, para que el pase de la pelota sea rápido y cree problemas en las estructuras defensivas".

"A veces hay equipos que presionan mucho y encuentras los espacios a veces más fáciles, tienes más espacio, y los otros que defienden profundamente con 11 jugadores en el área, está bien, tienes que encontrar la manera de atacarlos".

"Me encanta atacar, esa es mi idea del fútbol. Es la velocidad del ataque lo que intrigará".

"Lo importante son las intenciones. Intento tener el balón, intentar jugar, intentar atacar. Después de eso, puedo ganar o no".

"Mientras atacamos, la idea es mantener siempre tu posición, estar siempre en el lugar donde debes estar".

"Quiero dinamismo, movilidad, pero el puesto siempre tiene que ser ocupado por alguien".

Source: Pep Guardiola Interview with Transversales on SFR Sport 1, France - February 2018

PATRONES POSICIONALES DE ENTRENAMIENTO DE JUEGO CON PEP GUARDIOLA

LA FILOSOFÍA DE ATAQUE DE PEP GUARDIOLA: ASPECTOS CLAVE

- Nunca te salgas de la posición para venir a buscar la pelota.
- Usa el juego combinativo para sacar a tus oponentes de posición
- Extremos altos y abiertos en el borde del campo, esperando para golpear con precisión cuando la oposición está desorganizada. 
- Domina el juego en campo contrario
- La posesión es solo una herramienta
- Crear situaciones de 1vs1 en zonas clave del área
- Posicionamiento estructurado de los jugadores: subir gradualmente el campo juntos
- Posicionamiento del cuerpo al recibir el balón
- Pases cortos y precisos
- Utilizar "tercer hombre" cuando se construya el juego entre las líneas del rival (crear un hombre libre con triángulos)
- 2 contra 4 en ataque, hombre extra en el mediocampo, hombre extra en defensa, con una línea defensiva alta
- Juega con "intensidad" y concentración total durante la duración de cada juego

Source: Perarnau, Martí. Pep Guardiola: The Evolution. Birlinn. Kindle Edition, 2016

PATRONES POSICIONALES DE ENTRENAMIENTO DE JUEGO CON PEP GUARDIOLA

EL JUEGO DE POSICION DE PEP GUARDIOLA

- Explotar el espacio en posesión y cubrir el espacio fuera de posesión
- Las opciones de pase están predeterminadas por la posición del balón y los jugadores cambian de acuerdo con la posición del balón.
- Mantener las distancias correctas entre ellos en relación con la posición de los jugadores y el patrón de juego.
- Controlar la posesión
- Los jugadores se colocan dentro de zonas específicas
- Mover la defensa rival.
- Crear espacios y carriles para adelantar (triángulos)
- Posición de los jugadores entre líneas
- Rompe las líneas del rival con pases adelantados
- Jugar hacia adelante con un compañero de equipo en el espacio para avanzar en la jugada o con un compañero de equipo con suficiente tiempo y espacio para recibir y luego pasar de nuevo.
- Es clave ocupar los puestos correctos dentro de una estructura definida (organización en equipo)
- "Medios espacios" (ver páginas siguientes) y recuperar la pelota rápidamente después de perderla. Nacer desde el juego de posición.

Source: Luca Bertolini, UEFA B Coaching Licence and Author of many football coaching books - www.lucamistercalcio.com

PATRONES POSICIONALES DE ENTRENAMIENTO DE JUEGO CON PEP GUARDIOLA

ZONAS DEL CAMPO DE PEP GUARDIOLA: ÁREAS CLAVE

ZONAS DEL CAMPO DE ENTRENAMIENTO DE PEP: Zonas marcadas en el campo de entrenamiento para practicar patrones de juego posicionales específicos, maximizar el espacio, desorganizar a la oposición, crear ventajas numéricas y mover el balón a áreas de ataque peligrosas ("Medios espacios").

Mediocampistas ofensivos y los "medios espacios"

▶ Los centrocampistas ofensivos tienen como objetivo recibir en este área y girar

▶ A partir de aquí, los jugadores más creativos buscan pasar por detrás

Zonas amplias

▶ Los extremos permanecen dentro de la zona ancha más alta (carrileros traseros en 3-5-2 = más bajo)

▶ Ocupan defensores contrarios

▶ Corren detrás en la etapa final del ataque

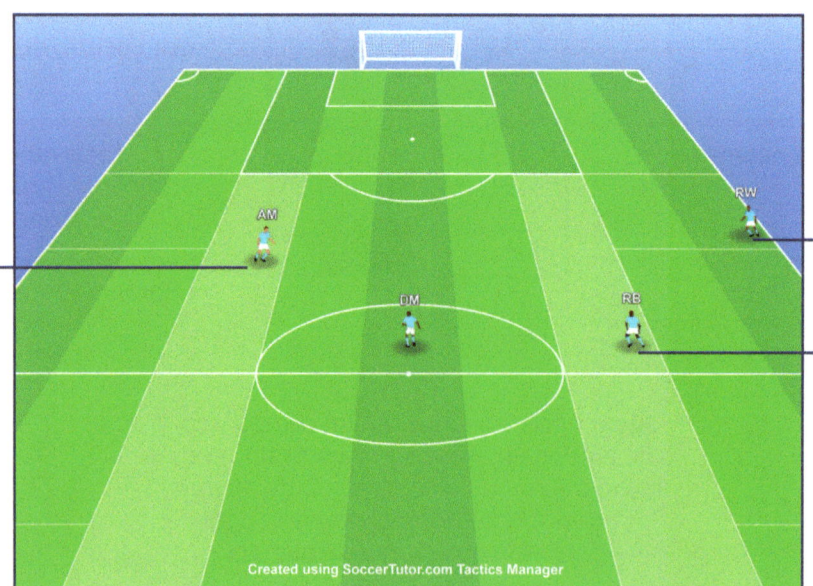

Reverso completo reconvertido y los "medios espacios"

▶ En el 4-3-3 del Man City, los laterales reconvertidos se colocan en los "Medios espacios" para ayudar a mover el balón desde los centrales hacia los atacantes.

▶ Esto permite que el mediocampista defensivo permanezca en una posición central

PATRONES POSICIONALES DE ENTRENAMIENTO DE JUEGO CON PEP GUARDIOLA

ZONAS DEL CAMPO DE PEP GUARDIOLA: REGLAS Y OBJETIVOS

Juego de posesión efectivo, juego de acumulación gradual como herramienta para mover a los jugadores rivales y desorganizar su defensa.

Penetrar eficazmente al rival y recibir entre su mediocampo y líneas defensivas

Después de tener posesión controlada, llegar al área de penalti con muchos jugadores listos para atacar un pase hacia atras o cruzado.

Las zonas anchas inferiores siempre deben estar ocupadas por los laterales cuando Pep Guardiola usa la formación 1-3-5-2

Las zonas anchas más altas deben estar siempre ocupadas por los extremos cuando Pep Guardiola usa la formación 1-3-5-2

"Solo porque estás alto y ancho, en realidad estás congelando a 4 jugadores porque estamos amenazando con ir por detrás". (Thierry Henry)

"Cuando tienes a Xavi, Iniesta, Busquets, Messi, Fábregas, es normal que juegues en esa posición del medio" (Pep Guardiola).

"Cuando tienes jugadores aquí como Sane, Sterling y De Bruyne, atacamos más los espacios". (Pep Guardiola)

PATRONES POSICIONALES DE ENTRENAMIENTO DE JUEGO CON PEP GUARDIOLA

LA IMPORTANCIA DE LOS "MEDIOS ESPACIOS" DE PEP GUARDIOLA

¿CUÁLES SON LOS "MEDIOS ESPACIOS" DE PEP GUARDIOLA?

Los "Medios Espacios" son los canales interiores entre la espalda completa opuesta y la espalda central a ambos lados del área (vea el diagrama en la página siguiente). El objetivo de Pep Guardiola es que sus mejores y más creativos jugadores reciban dentro de estos "Medios Espacios".

- Actualmente en el Manchester City, Pep Guardiola quiere que sus centrocampistas ofensivos Silva (21), De Bruyne (17) y Bernado (20) reciban el balón en el "Half Space" alto del campo. A partir de ahí, buscan jugar un pase detrás de la línea defensiva.

- El Manchester City intenta asegurarse de tener una ventaja numérica en el tercio medio con los laterales reconvertidos Walker (2) y Zinchenko (35) o Delph (18) tomando posiciones centrales, creando una formación de ataque 2-3-2-3. (vea la página 28).

- Los laterales reconvertidos (4-3-3) se colocan dentro de los "Medios Espacios" y ayudan a mover el balón desde los centrales hacia los atacantes, además de permitir que el mediocampista defensivo Fernandinho (25) mantenga una posición central.

- Los extremos de Pep Guardiola Sterling (7), Sané (19), Mahrez (26) y en ocasiones Bernado (20) juegan en la zona ancha superior al borde del terreno de juego. Esto obliga a los laterales opuestos a quedarse atrás y crea más espacio en el centro y en los "Medios Espacios" para que sus compañeros de equipo lo reciban y exploten.

- En el Bayern de Múnich, Pep Guardiola quería que sus extremos (o delanteros) Robben y Ribéry recibieran el balón en los "medios espacios" en lo alto del campo, cortaran por dentro y dispararan. Esto se debió a que eran los jugadores más peligrosos.

- Esto significaba que los laterales completos permanecían en las zonas anchas para dejar el hueco en el "Medio Espacio".

- En el FC Barcelona, Pep Guardiola quería que sus centrocampistas ofensivos Xavi e Iniesta recibieran el balón en los "Medios Espacios" en lo alto del campo.

- Los extremos se mantendrían abiertos para ocupar a los defensas y dejar los "Medios Espacios" abiertos para que Xavi e Iniesta recibieran y luego buscaran pase por detrás de la línea defensiva.

Source: Luca Bertolini, UEFA B Coaching Licence and Author of many football coaching books - www.lucamistercalcio.com

PATRONES POSICIONALES DE ENTRENAMIENTO DE JUEGO CON PEP GUARDIOLA

EJEMPLO DE LOS "MEDIOS ESPACIOS" DE PEP GUARDIOLA: MAN CITY (1-4-3-3)

- El Manchester City está usando la formación 4-3-3 con sus laterales reconvertidos colocadas dentro de los "Medios espacios" para ayudar a mover el balón desde los defensas centrales hacia los jugadores atacantes.

- Si los centrocampistas ofensivos del Manchester City reciben sin marcar dentro de los "Medios espacios" y pueden girar, entonces intentan realizar un pase detrás de la línea defensiva.

- Ambos extremos (19 y 7) comienzan en posiciones amplias cerca de la línea de banda para ocupar a los defensores oponentes y asegurarse de que haya espacio para que sus compañeros de equipo (mediocampistas atacantes) reciban dentro del "Medio Espacio".

- En este ejemplo, el mediocampista defensivo Fernandinho (25) recibe del lateral derecho reconvertido Sagna (3) y pasa al mediocampista ofensivo De Bruyne (17) dentro del "Half Space".

- A partir de este punto, De Bruyne (17) tiene muchas opciones para jugar un pase por detrás.

PATRONES EN ATAQUE POSICIONAL DE JUEGO (1- 4-3-3)

Construir el juego desde el portero

Directo de Entrenamiento del Bayern de Múnich de Pep Guardiola

Prácticas de Pep Guardiola: Construyendo el juego a partir del inicio del portero (1-4-3-3)

Desarrollar el juego a partir del inicio del portero: situación de 3 contra 3 a lo ancho

Las prácticas a seguir en este apartado muestran los patrones posicionales de juego de Pep Guardiola para atacar en el campo contrario. La mayoría de las veces, los equipos de Pep se enfrentan a un rival que defiende en su propio campo, por lo que estos patrones son muy útiles para encontrar soluciones de ataque para crear ocasiones y marcar goles.

Aquí mostramos un ejemplo de práctica de la sesión de entrenamiento de Pep Guardiola con el Bayern de Múnich en 2015, donde los jugadores practican la construcción de juego desde desde un saque de meta.

Ejemplo A: pase a FB bloqueado y DM muy marcado

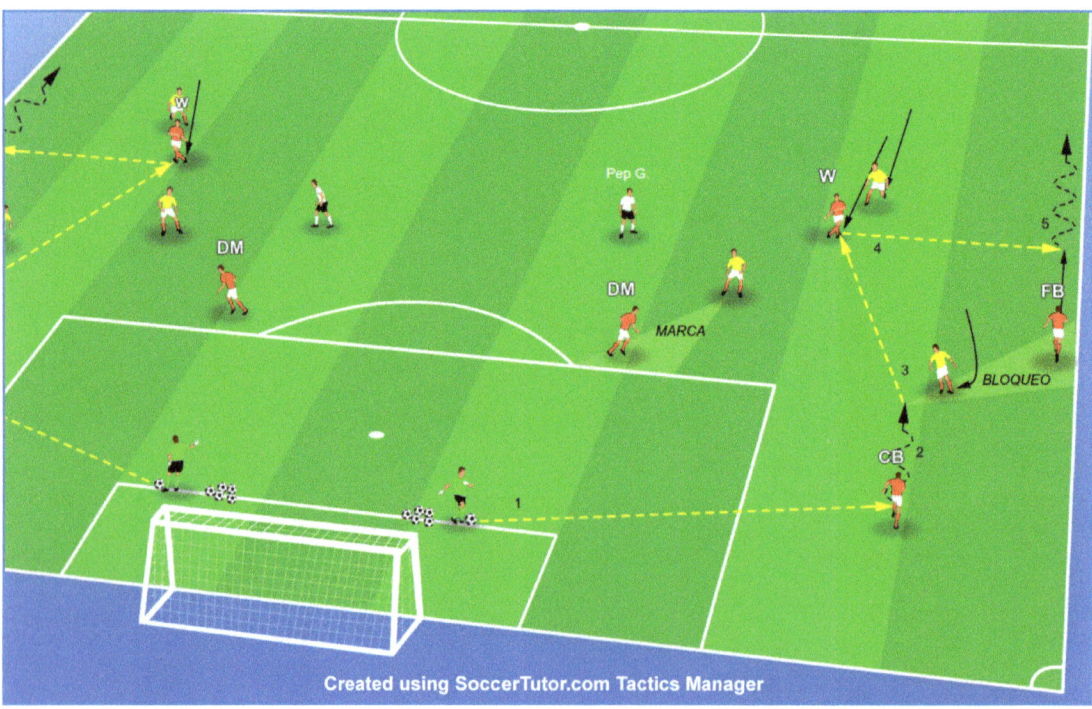

Descripción (ejemplo A)

El GK pasa al central (CB), que regatea hacia adelante.

El extremo contrario bloquea el pase al lateral (FB) y el centrocampista defensivo (DM) está muy marcado.

El extremo (W) retrocede para proporcionar una opción de pase y trae su marcador con él.

El central (CB) pasa al lateral (W), quien realiza un primer pase al lateral (FB). El zaguero (FB) corre hacia adelante para recibir y driblar en el espacio creado.

Source: Pep Guardiola's Bayern Munich training session in Doha, Qatar - 17th January 2015

Prácticas de Pep Guardiola: Construyendo el juego a partir del inicio del portero (1-4-3-3)

Ejemplo B: Pasar a DM bloqueado y FB marcado de cerca

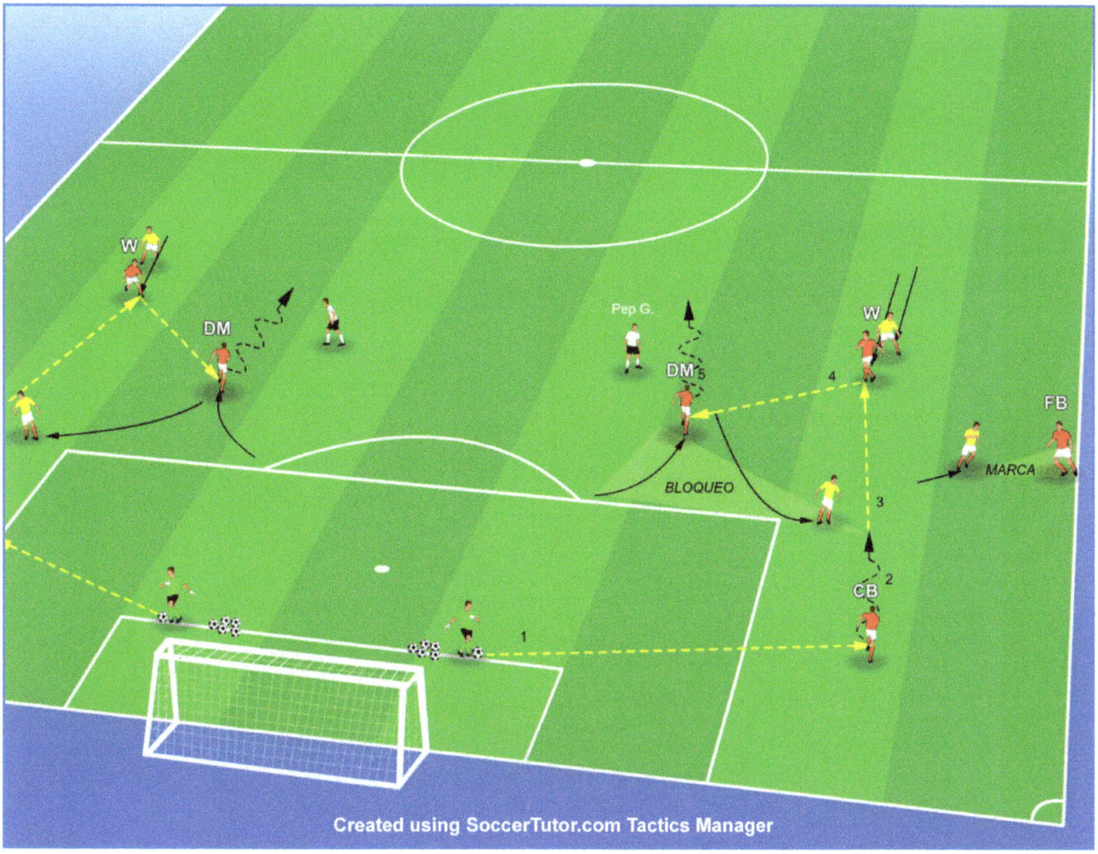

Descripción (ejemplo B)

En esta variación, el pase al mediocampista defensivo (DM) está bloqueado y el lateral (FB) está marcado de cerca.

El extremo (W) vuelve a retroceder para proporcionar una opción de pase y trae su marcador con él.

El central (CB) pasa al lateral (W), que esta vez realiza un primer pase interior al volante defensivo (DM).

El mediocampista defensivo (DM) corre hacia adelante para recibir y driblar hacia adelante en el espacio.

Source: Pep Guardiola's Bayern Munich training session in Doha, Qatar - 17th January 2015

Prácticas de Pep Guardiola: Construyendo el juego a partir del inicio del portero (1-4-3-3)

Ejemplo C: Pase a extremo bloqueado y DM muy marcado

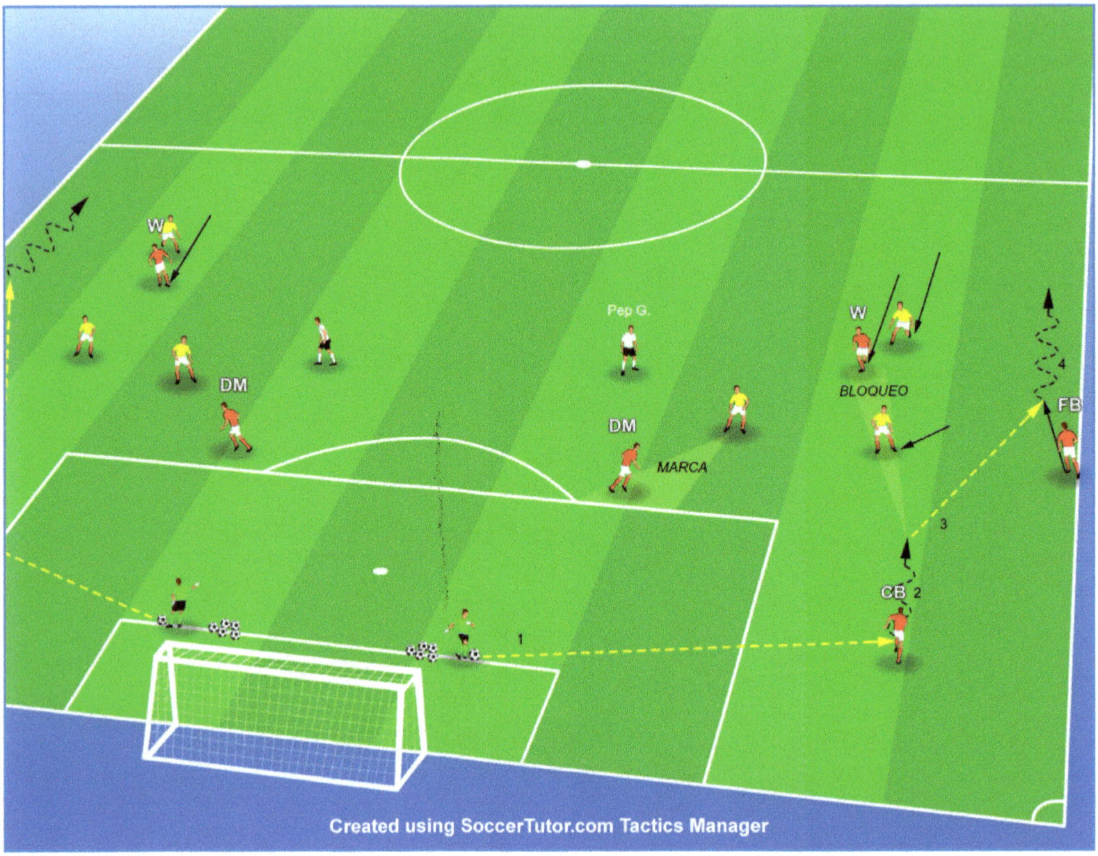

Descripción (Ejemplo C)

En esta variación, el mediocampista defensivo (DM) está muy marcado.

El extremo (W) vuelve a retroceder para proporcionar una opción de pase y trae su marcador con él, pero el extremo contrario se mueve para bloquear el pase.

Por lo tanto, el central (CB) pasa de par en par al lateral (FB), que es libre de recibir y regatear hacia adelante en el espacio creado.

Source: Pep Guardiola's Bayern Munich training session in Doha, Qatar - 17th January 2015

Patrones de juego posicionales de ataque: 1-4-3-3 con espaldas invertidas

Directo de Entrenamiento de Pep Guardiola en el Manchester City

Patrones de juego posicionales de ataque de Pep Guardiola: 1-4-3-3 con laterales reconvertidos

"Lo que más amo son los que dicen que no se puede jugar así en Alemania o en la Premier League, con Silva, Bernardo, Agüero, todos miden 5 pies. Pero lo hemos logrado. Al recibir pocos goles y dominar el juego a través del juego posicional".

Fuente: Entrevista de Pep Guardiola por Antoni Bassas para Daily ARA - Publicada el 5 de julio de 2019

Patrones de juego posicionales de ataque de Pep Guardiola: 1-4-3-3 con laterales reconvertidos

FORMACION 1-4-3-3 DEL MANCHESTER CITY

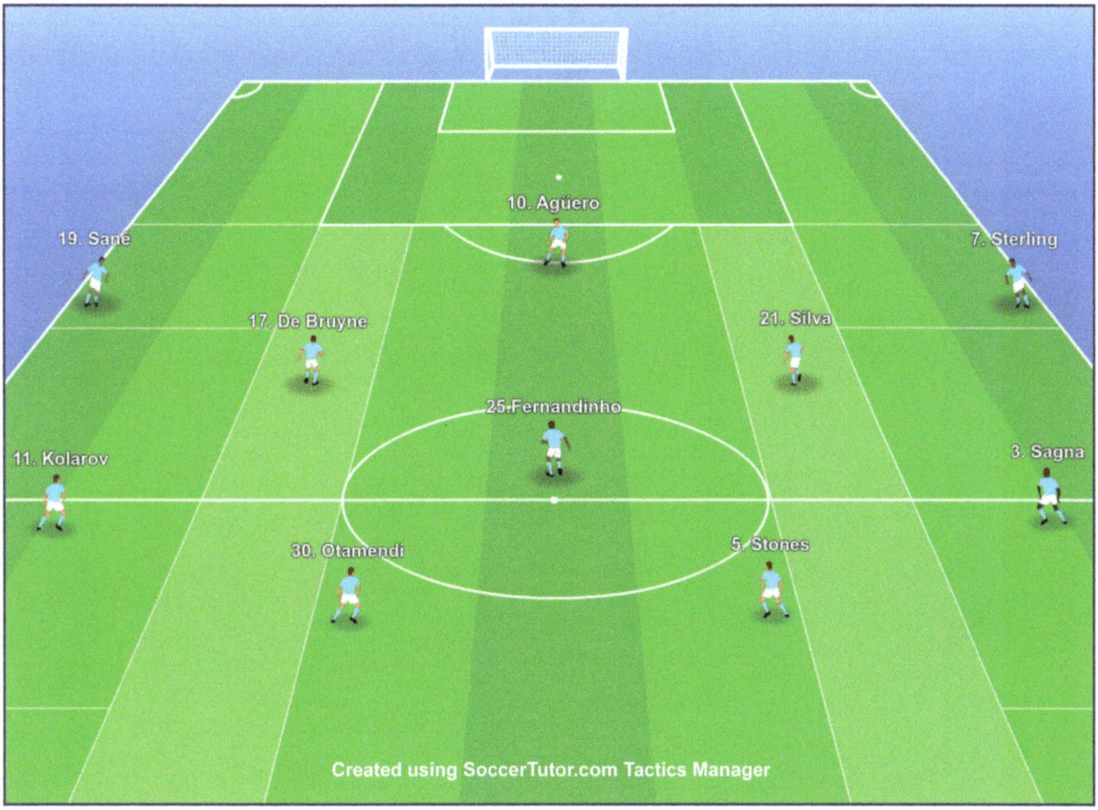

- **30. Otamendi:** Central izquierdo
- **5. Stones:** Central derecho
- **11. Kolarov:** Lateral izquierdo
- **3. Sagna:** Lateral derecho
- **25. Fernandinho:** Mediocentro defensivo
- **17. De Bruyne:** Medio ofensivo izquierdo
- **21. Silva:** Medio ofensivo derecho
- **19. Sané:** Extremo izquierdo
- **7. Sterling:** Extremo derecho
- **10. Agüero:** Delantero

Fuente: Sesión de entrenamiento del Manchester City de Pep Guardiola en el Etihad Campus Training Ground, Manchester 12 de julio de 2017

Patrones de juego posicionales de ataque de Pep Guardiola: 1-4-3-3 con laterales reconvertidos

LA FORMACIÓN EN ATAQUE 2-3-2-3 DEL MANCHESTER CITY (1-4-3-3)

- Durante la fase de ataque, el Manchester City de Pep Guardiola cambia su formación a una forma de ataque 2-3-2-3, que crea 4 líneas por donde pasar el balón.

- Esto permite que los laterales se reconviertan en "laterales convertidos" y ocupen posiciones más centralizadas para recibir dentro de los "medios espacios" (consulte la página siguiente para obtener más detalles).

- En esta formación 2-3-2-3, el centrocampista defensivo Fernadinho (25) puede mantenerse en una posición central sin necesidad de cubrir espacios a su derecha o izquierda.

- Los 2 extremos Sterling (7) y Sané (19) se mantienen abiertos para ocupar a los defensas rivales y dejar espacio para que sus compañeros reciban el balón en el centro y en los "medios espacios".

- Los centrales Stones (5) y Otamendi (30) pasan al volante defensivo o al lateral reconvertido. Luego mueven el balón hacia el delantero o un mediocampista ofensivo.

- Los extremos Sterling (7) y Sané (19) solo se activan para la etapa final de ataque y hacen carreras por detrás para recibir. Reciben y terminan o entregan cruces bajos.

Fuente: Sesión de entrenamiento del Manchester City de Pep Guardiola en el Etihad Campus Training 2 de julio de 2017

Patrones de juego posicionales de ataque de Pep Guardiola: 1-4-3-3 con laterales reconvertidos

COLOCACIÓN Y RECEPCIÓN EN LOS "MEDIOS ESPACIOS" (1-4-3-3)

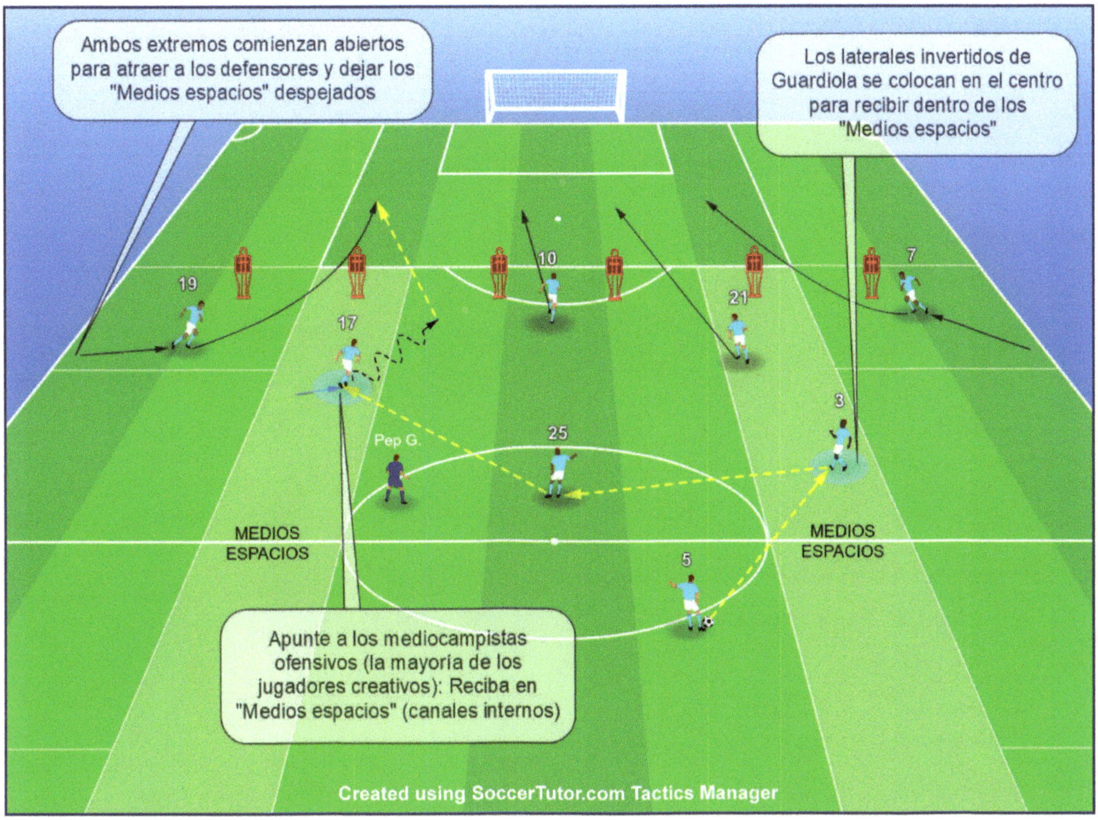

Ambos extremos comienzan abiertos para atraer a los defensores y dejar los "Medios espacios" despejados

Los laterales invertidos de Guardiola se colocan en el centro para recibir dentro de los "Medios espacios"

Apunte a los mediocampistas ofensivos (la mayoría de los jugadores creativos): Reciba en "Medios espacios" (canales internos)

Created using SoccerTutor.com Tactics Manager

- Si los centrocampistas ofensivos del Manchester City reciben sin marcar dentro de los "Medios espacios" y pueden girar, entonces intentan jugar una última pelota por detrás.

- Pep Guardiola quiere que sus extremos (19 y 7) se mantengan abiertos para ocupar a los defensas y dejar espacio para que sus centrocampistas ofensivos reciban dentro del "Medio Espacio" y giren sin marcar.

- También quiere que sus laterales convertidos - Sagna (3) en el ejemplo del diagrama - reciban dentro del "Medio espacio" y participen en la construcción del juego a través de las líneas.

- En este ejemplo, el Manchester City está utilizando la formación 4-3-3 y el lateral derecho reconvertido Sagna (3) pasa al mediocampista defensivo Fernandinho (25), que pasa al centrocampista ofensivo De Bruyne (17) dentro del "medio espacio "

- A partir de este punto, De Bruyne (17) tiene opciones para jugar un pase por detrás. En el ejemplo del diagrama, regatea adentro y pasa por detrás para que el extremo izquierdo Sané (19) corra hacia él.

Fuente: Sesión de entrenamiento del Manchester City de Pep Guardiola en el Etihad Campus Training 12 de julio de 2017

Patrones de juego posicionales de ataque de Pep Guardiola: 1-4-3-3 con laterales reconvertidos

CONFIGURACIÓN DE ENTRENAMIENTO DE PEP GUARDIOLA

(2 jugadores en cada posición se alternan)

- Este diagrama muestra la configuración de Pep Guardiola para practicar patrones de juego posicionales de ataque en el 4-3-3 con laterales reconvertidos.

- Hay entrenadores a ambos lados con muchos balones, listos para pasar a los centrales para comenzar el patrón (construir).

- También hay 6 muñecos en una línea fuera del área de penalti, como se muestra.

- En cada posición, hay 2 jugadores (1 azul y 1 amarillo), que forman 2 equipos de 10 jugadores de campo para practicar patrones.

- Los 2 equipos ejecutan alternativamente los patrones trazados por Pep Guardiola. Tan pronto como un equipo termina, trota de regreso a sus posiciones y el siguiente equipo inicia.

Fuente: Sesión de entrenamiento del Manchester City de Pep Guardiola en el Etihad Campus Training 12 de julio de 2017

Patrones de juego posicionales de ataque de Pep Guardiola: 1-4-3-3 con laterales reconvertidos

1. Ambos mediocampistas ofensivos se combinan para atacar por el centro

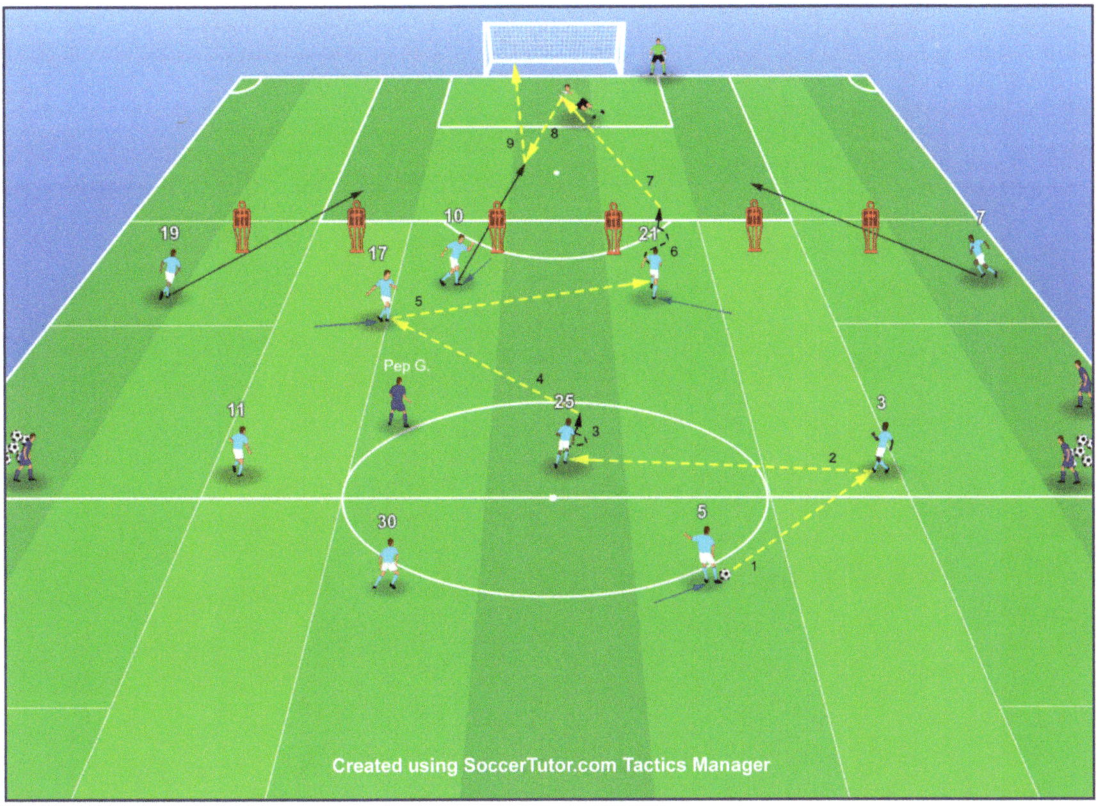

Descripción

1. El central derecho (5) pasa al lateral derecho reconvertido (3).
2. El lateral derecho (3) pasa por dentro al centrocampista defensivo (25).
3. El mediocampista defensivo (25) recibe y avanza con el balón.
4. El centrocampista defensivo (25) realiza un pase diagonal al centrocampista ofensivo (17) en el "Medio Espacio".
5. El mediocampista ofensivo (17) se desplaza ligeramente y pasa al otro mediocampista ofensivo (21) en movimiento.
6. El segundo mediocampista ofensivo (21) también se mueve hacia adentro para recibir y regatear hacia el área de penalti.
7. El segundo centrocampista ofensivo (21) intenta marcar.
8. El delantero (10) y ambos extremos (19 y 7) han realizado carreras hacia el área de penalti y están atentos para rematar cualquier rebote.

Fuente: Sesión de entrenamiento del Manchester City de Pep Guardiola en el Etihad Campus Training 12 de julio de 2017

Patrones de juego posicionales de ataque de Pep Guardiola: 1-4-3-3 con laterales reconvertidos

2. El mediocampista ofensivo se mueve hacia adentro para recibir la descarga del delantero y pasar por detrás al extremo

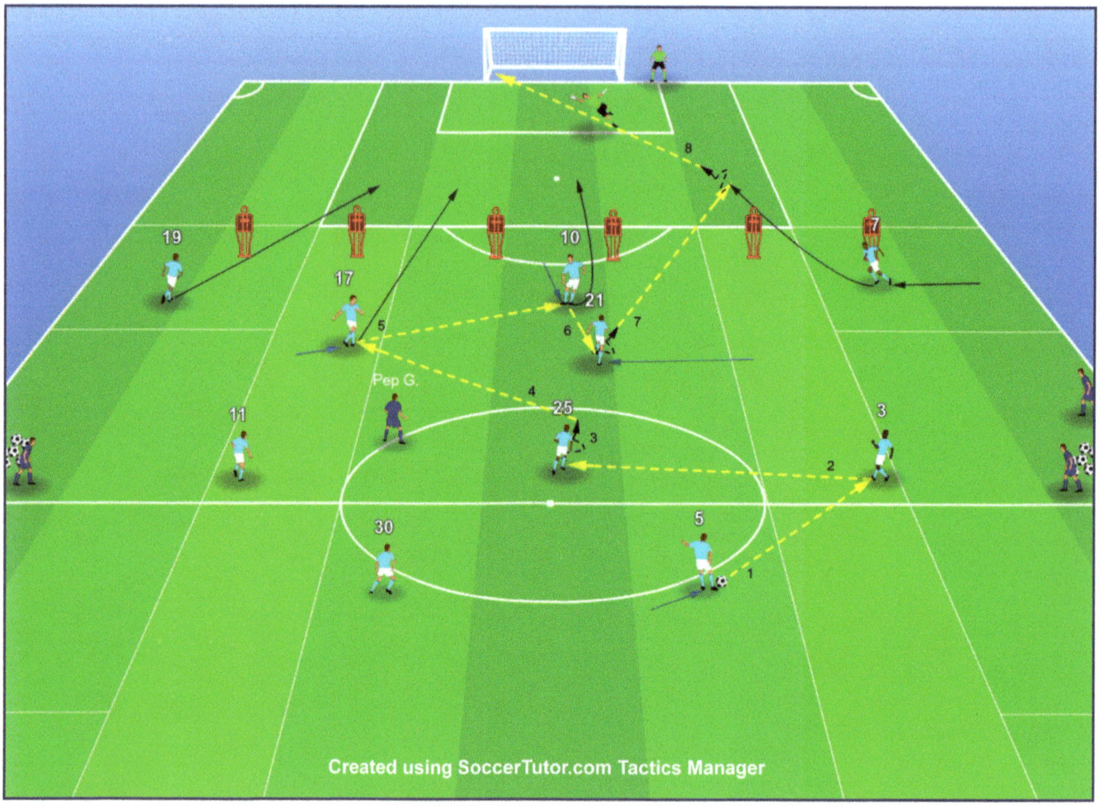

Descripción

1. El central derecho (5) pasa al lateral derecho reconvertido (3).

2. El lateral derecho (3) pasa por dentro al centrocampista defensivo (25).

3. El mediocampista defensivo (25) recibe y avanza con el balón.

4. El centrocampista defensivo (25) realiza un pase diagonal al centrocampista ofensivo (17) en el "Medio Espacio".

5. El mediocampista ofensivo (17) pasa al delantero (10) en el centro.

6. El delantero (10) devuelve el balón al otro mediocampista ofensivo (21), que se desplaza hacia el centro para recibirlo.

7. El segundo centrocampista ofensivo (21) recibe, abre y juega un pase diagonal por detrás del extremo (7).

8. El extremo (7) recibe e intenta marcar.

Fuente: Sesión de entrenamiento del Manchester City de Pep Guardiola en el Etihad Campus Training 12 de julio de 2017

Patrones de juego posicionales de ataque de Pep Guardiola: 1-4-3-3 con laterales reconvertidos

3. El mediocampista ofensivo recibe en el "medio espacio", regatea adentro y juega detrás del extremo

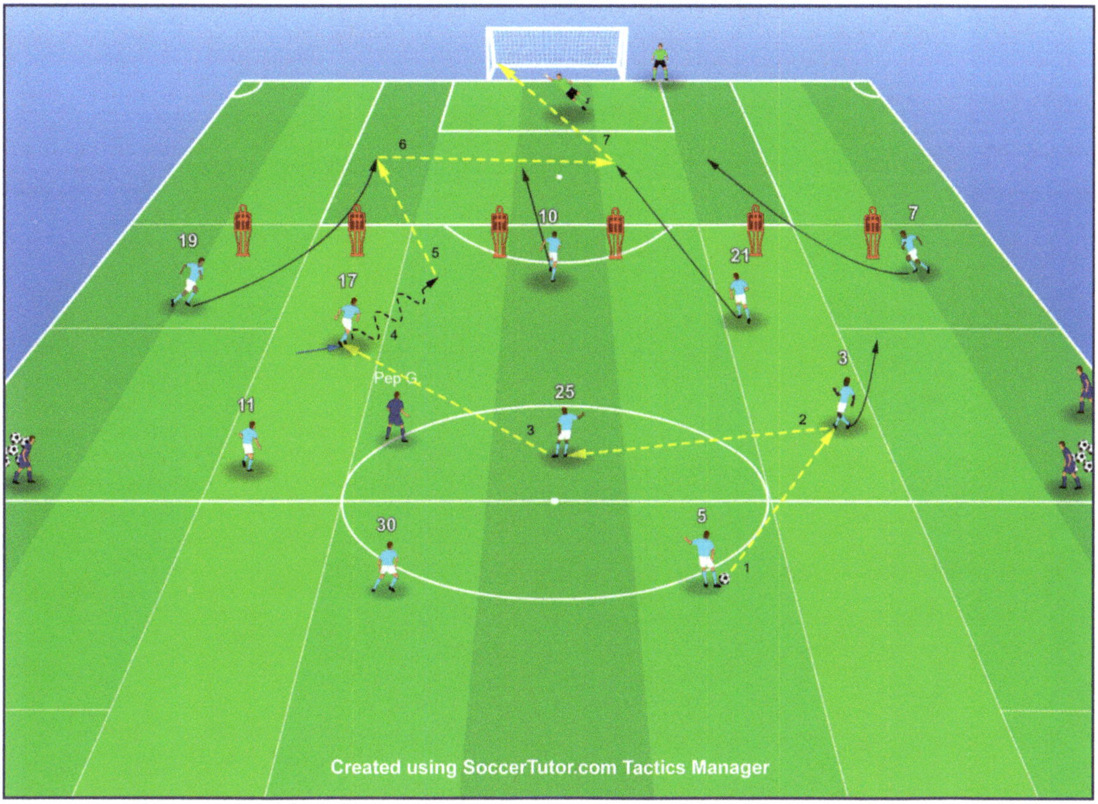

Descripción

1. El central derecho (5) pasa al lateral derecho reconvertido (3).

2. El lateral derecho (3) pasa por dentro al centrocampista defensivo (25).

3. El centrocampista defensivo (25) realiza un pase diagonal al centrocampista ofensivo (17) en el "Medio Espacio".

4. El centrocampista ofensivo (17) se mueve hacia adentro y hacia adelante con el balón.

5. El centrocampista ofensivo (17) realiza un pase por detrás para la carrera del extremo izquierdo (19).

6. El extremo (19) recorta el balón para los compañeros que se aproximan. El mediocampista ofensivo (21), el delantero (10) y el otro extremo (7) hacen carreras hacia el área de penalti.

7. En este ejemplo, el balón se corta hacia el centrocampista ofensivo (21) para marcar en una posición central.

Fuente: Sesión de entrenamiento del Manchester City de Pep Guardiola en el Etihad Campus Training 12 de julio de 2017

Patrones de juego posicionales de ataque de Pep Guardiola: 1-4-3-3 con laterales reconvertidos

4. El mediocampista ofensivo se mueve hacia adentro para recibir el pase del delantero, regatear y rematar

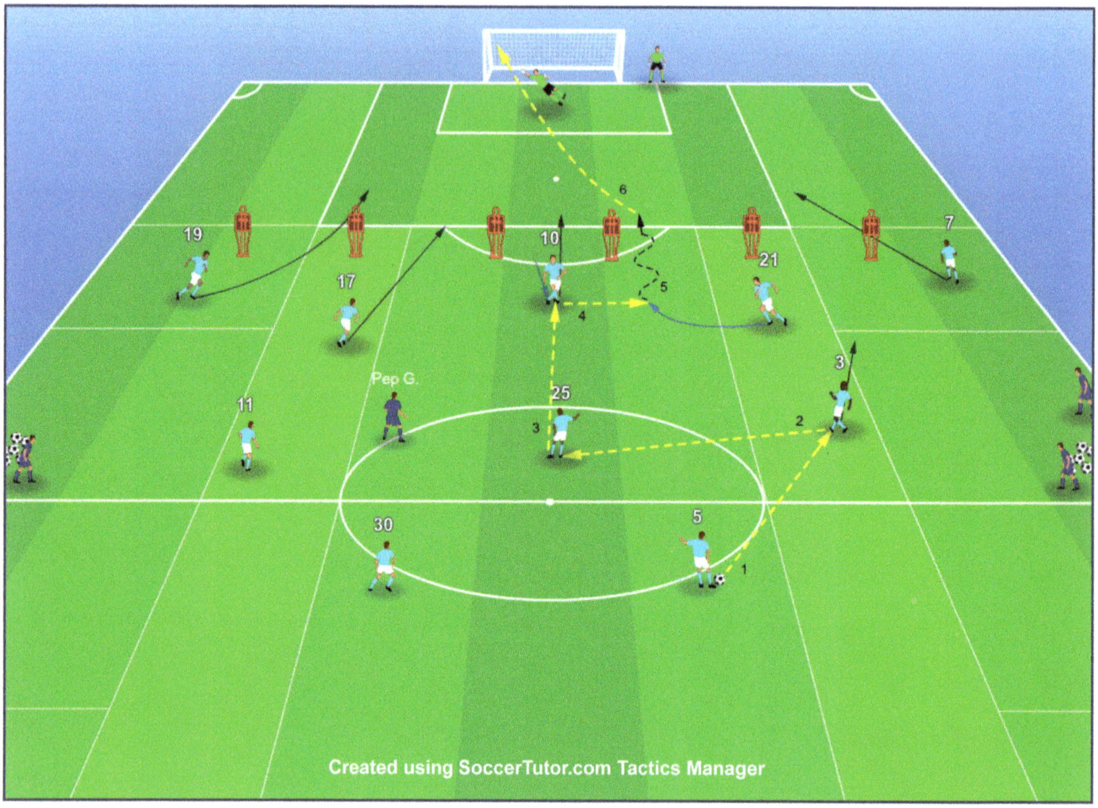

Descripción

1. El central derecho (5) pasa al lateral derecho reconvertido (3).

2. El lateral derecho (3) pasa por dentro al centrocampista defensivo (25).

3. El centrocampista defensivo (25) pasa al delantero (10), que retrocede levemente.

4. El centrocampista ofensivo (21) se desplaza para recibir el desmarque del delantero.

5. El mediocampista ofensivo (21) dribla hacia adelante en el área de penal (y por detrás).

6. El centrocampista ofensivo (21) intenta marcar.

Fuente: Sesión de entrenamiento del Manchester City de Pep Guardiola en el Etihad Campus Training 12 de julio de 2017

Patrones de juego posicionales de ataque de Pep Guardiola: 1-4-3-3 con laterales reconvertidos

5. Mediocampistas ofensivos pasan por detrás al lateral desde el "medio espacio" después de la salida hacia adelante

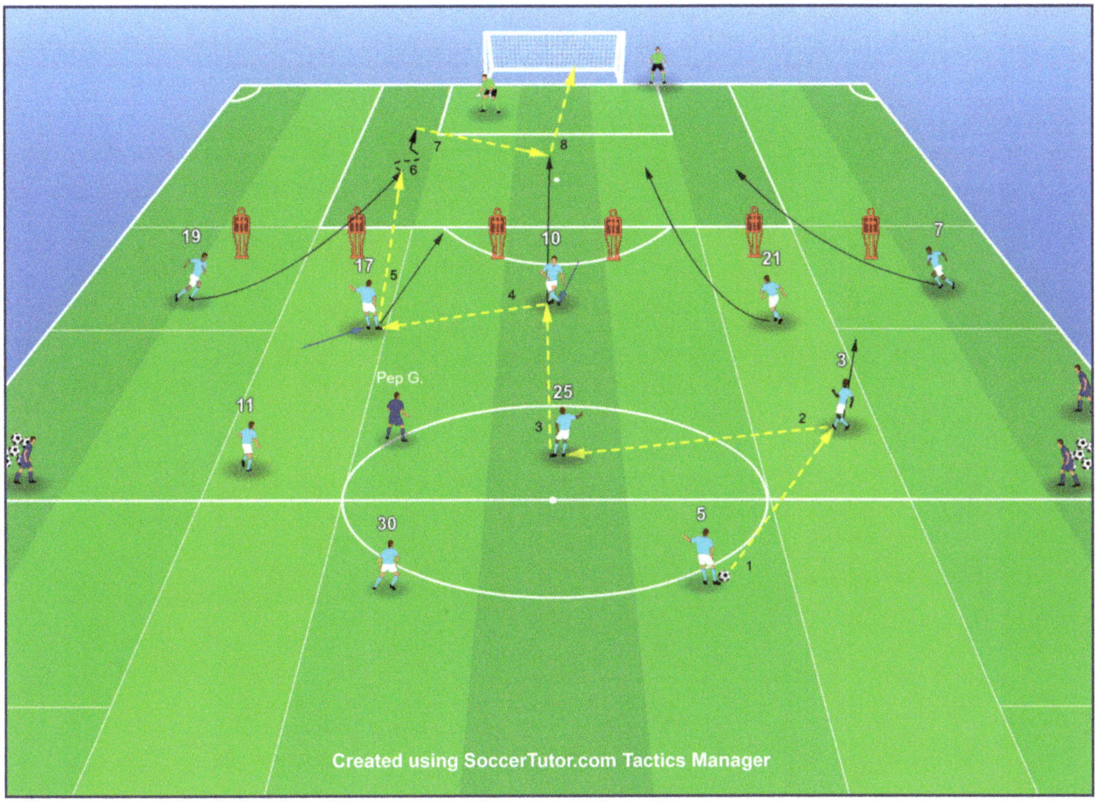

Descripción

1. El central derecho (5) pasa al lateral derecho reconvertido (3).

2. El lateral derecho (3) pasa por dentro al centrocampista defensivo (25).

3. El centrocampista defensivo (25) pasa al delantero (10), que retrocede levemente.

4. El delantero (10) pasa al mediocampista ofensivo (17) en el "Medio Espacio".

5. El centrocampista ofensivo (17) realiza un pase por detrás para la carrera del extremo izquierdo (19).

6. El extremo (19) avanza con el balón.

7. El extremo (19) recorta el balón para los compañeros que se aproximan. El mediocampista ofensivo (21), el delantero (10) y el otro extremo (7) hacen desmarque hacia el área de penalti.

8. En este ejemplo, la pelota se corta hacia adelante (10) para marcar en una posición central.

Fuente: Sesión de entrenamiento del Manchester City de Pep Guardiola en el Etihad Campus Training 12 de julio de 2017

Patrones de juego posicionales de ataque de Pep Guardiola: 1-4-3-3 con laterales reconvertidos

6. Pase del mediocampista defensivo al delantero + Descarga al mediocampista ofensivo para pase por detrás

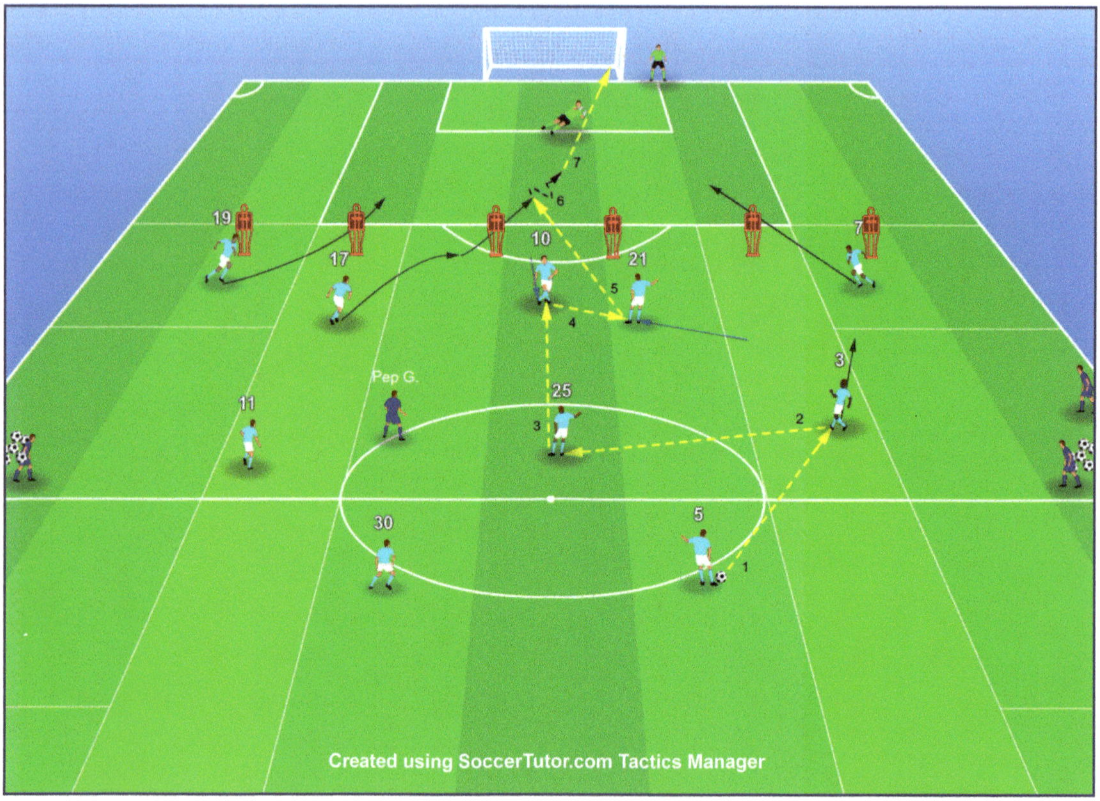

Descripción

1. El central derecho (5) pasa al lateral derecho reconvertido (3).

2. El lateral derecho (3) pasa por dentro al centrocampista defensivo (25).

3. El centrocampista defensivo (25) pasa al delantero (10), que retrocede levemente.

4. El centrocampista ofensivo (21) se desplaza hacia adentro para recibir el pase del delantero.

5. El mediocampista ofensivo (21) realiza un pase directo entre los 2 muñecos centrales para la carrera en diagonal del otro mediocampista ofensivo (17).

6. El segundo centrocampista ofensivo (17) recibe y realiza un control para colocarse el balón.

7. El mediocampista ofensivo (17) intenta marcar.

Fuente: Sesión de entrenamiento del Manchester City de Pep Guardiola en el Etihad Campus Training 12 de julio de 2017

Patrones de juego posicionales de ataque de Pep Guardiola: 1-4-3-3 con laterales reconvertidos

7. Pase del lateral al delantero + descarga al mediocampista ofensivo para un pase por detrás

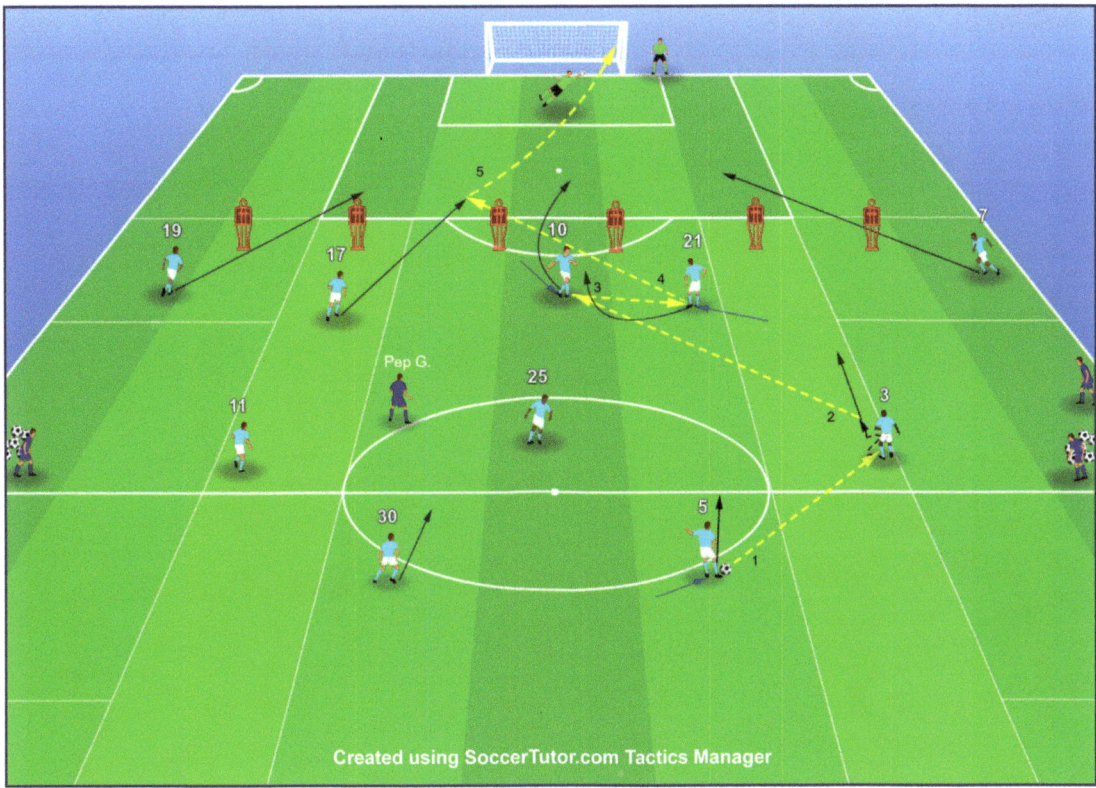

Descripción

1. El central derecho (5) pasa al lateral derecho reconvertido (3).

2. El lateral derecho (3) da un toque hacia adelante y realiza un pase diagonal al delantero (10), que retrocede.

3. El delantero (10) pasa al centrocampista ofensivo (21), que se mueve hacia adentro para recibir.

4. El mediocampista ofensivo (21) realiza un pase directo entre los 2 muñecos centrales para la carrera en diagonal del otro mediocampista ofensivo (17).

5. El centrocampista atacante (17) recibe dentro del área de penalti e intenta anotar.

Fuente: Sesión de entrenamiento del Manchester City de Pep Guardiola en el Etihad Campus Training 12 de julio de 2017

Patrones de juego posicionales de ataque de Pep Guardiola: 1-4-3-3 con laterales reconvertidos

8. Pase aéreo diagonal del mediocampista defensivo detrás del extremo + desmarque

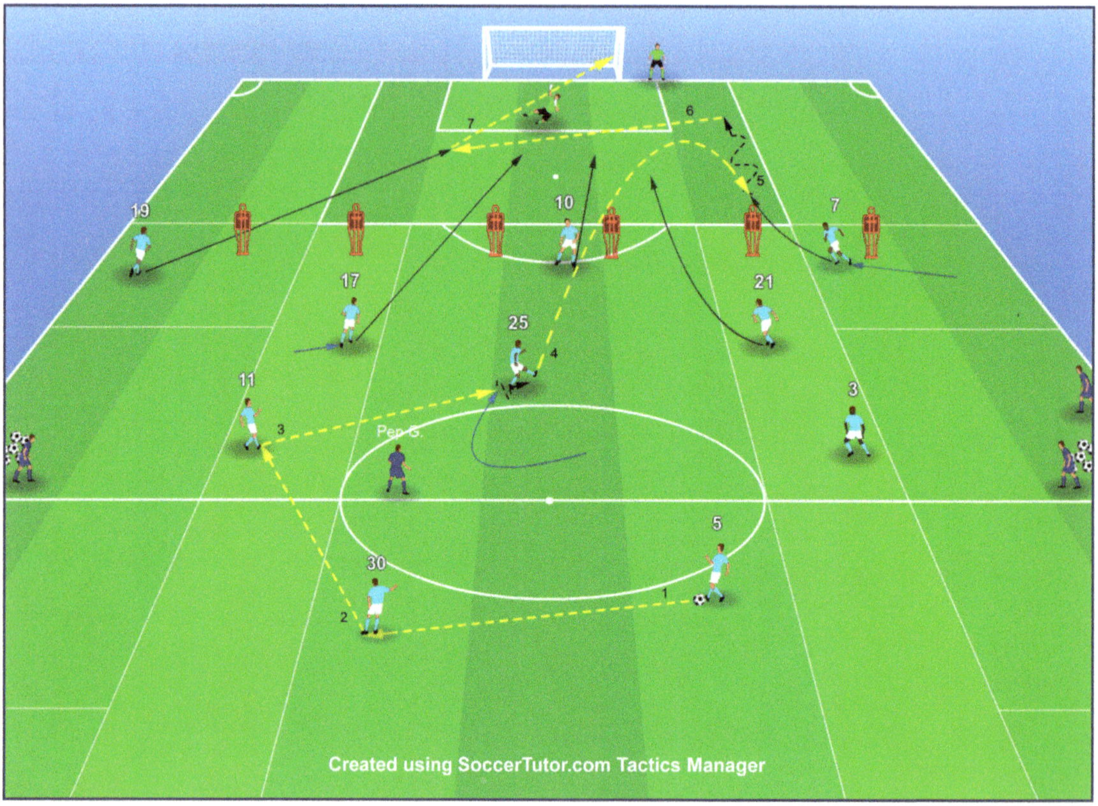

Descripción

1. El central derecho (5) pasa al central izquierdo (30).
2. El central izquierdo (30) pasa al lateral izquierdo reconvertido (11).
3. El lateral izquierdo (11) pasa por dentro al centrocampista defensivo (25), que se ha adelantado con carrera curva.
4. El mediocampista defensivo (25) recibe, abre y juega un pase aéreo en diagonal por detrás al extremo derecho (7).
5. El extremo (7) recibe y avanza con el balón.
6. El extremo (7) pasa el balón para los compañeros que se aproximan. El mediocampista ofensivo (17), el delantero (10) y el lateral (19) hacen carreras hacia el área de penalti.
7. En este ejemplo, la pelota se corta hacia el extremo (19) en el lado opuesto para anotar en el poste alejado.

Fuente: Sesión de entrenamiento del Manchester City de Pep Guardiola en el Etihad Campus Training 12 de julio de 2017

Patrones de juego posicionales de ataque de Pep Guardiola: 1-4-3-3 con laterales reconvertidos

Variación de patrón de juego posicional de ataque: Añadir 1 defensa y 2 muñecos de mediocampo

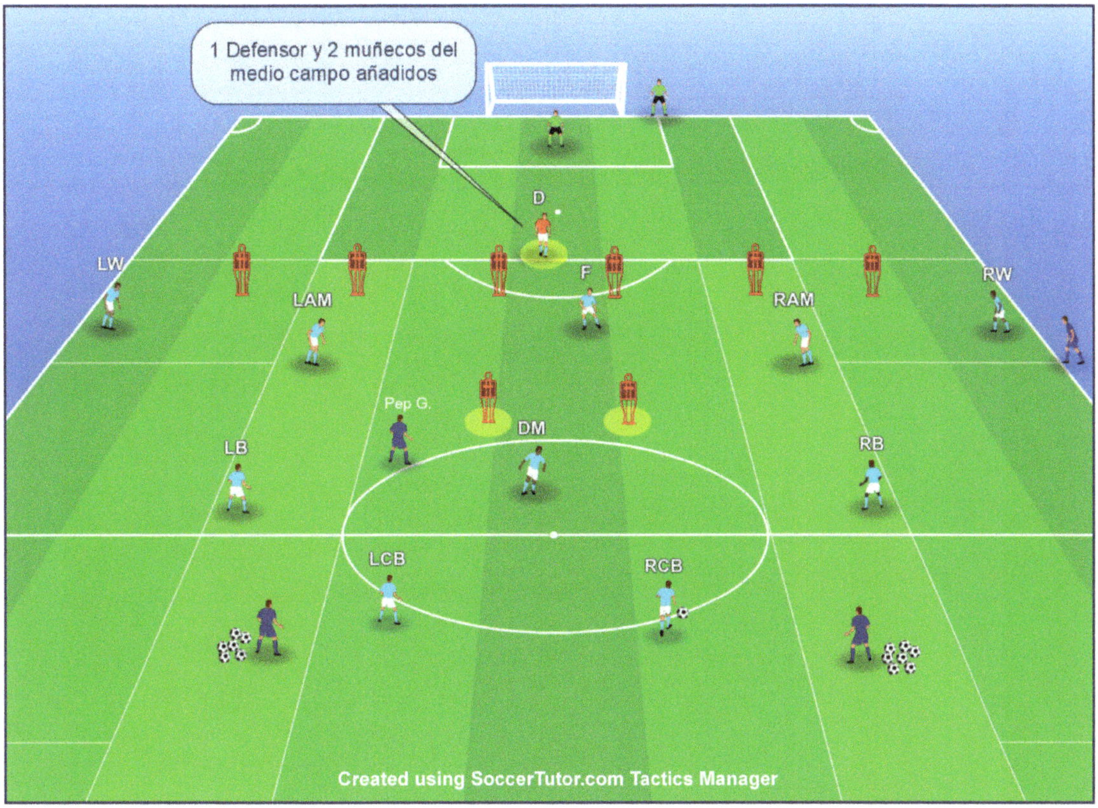

- Esto muestra una variación de los patrones de juego de ataque posicional de Pep Guardiola que se muestran en las páginas anteriores. El remate de los ataques ahora es resistido por 1 defensa y 2 muñecos de mediocampo.

- Los jugadores practican los mismos patrones, pero ahora se enfrentan a 1 defensor cuando intentan finalizar su ataque en el área de penalti.

- Esto puede ser en una situación de 1 contra 1 después de recibir un pase detrás de la línea defensiva o el defensor defiende un centro bajo hacia el centro.

- En esta variación, también se agregan 2 muñecos de medio campo para crear una situación más realista con obstáculos que bloquean las líneas de adelantamiento.

Fuente: Entrenamiento de Pep Guardiola en Manchester City en Etihad Campus Training, Manchester - 8 de mayo de 2018

Patrones de juego posicionales de ataque:

4-3-3 buscando las espaldas

Directo de un entrenamiento de Pep Guardiola en el Manchester City

"Es un genio que lee el juego y cubre todas las situaciones imaginables. Siempre nos está mostrando cómo crear espacios y encontrar soluciones y no hay un gerente como él, lo que lo convierte probablemente en el mejor del mundo".

(Ilkay Gündoğan)

Patrones de juego posicionales de ataque de Pep Guardiola: 4-3-3 buscando espaldas

ENTRENAMIENTO DE PEP GUARDIOLA (MOVIMIENTOS-AUTOMATISMOS)

- Este diagrama muestra la configuración de Pep Guardiola para practicar patrones de juego posicionales de ataque en el 4-3-3 con laterales regulares.

- Hay 5 muñecos y son más estrechos que los patrones anteriores del libro.

- En cada posición, hay 2 jugadores (1 azul y 1 amarillo), que forman 2 equipos de 10 jugadores de campo para practicar patrones. Los 2 equipos ejecutan alternativamente los patrones trazados por Pep Guardiola.

- Los jugadores también han cambiado de los patrones anteriores:

- **30. Otamendi:** Central izquierdo
- **5. Stones:** Central derecho
- **11. Kolarov:** Lateral Izquierdo
- **2. Walker:** Lateral derecho
- **25. Fernandinho:** Mediocentro defensivo
- **8. Gündoğan:** Medio ofensivo izquierdo
- **17. De Bruyne:** Medio ofensivo derecho
- **35. Zinchenko:** Extremo izquierdo
- **7. Sterling:** Extremo derecho
- **10. Agüero:** Delantero

Fuente: Pretemporada del Manchester City de Pep Guardiola en el NRG Stadium, Houston, Texas, EE. UU. - 20 de julio de 2017

Patrones de juego posicionales de ataque de Pep Guardiola: 4-3-3 buscando espaldas

1. Despliegue de medios defensivos y Pase a medio ofensivo para jugar detrás del extremo

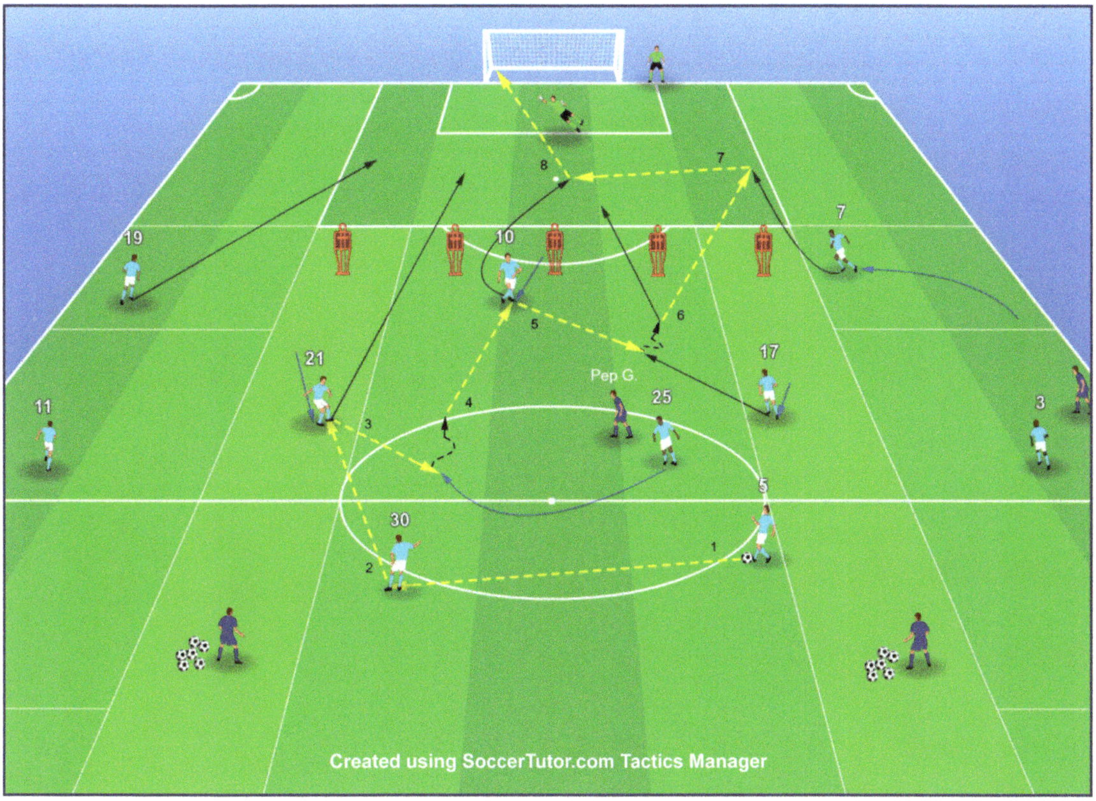

Descripción

1. El central derecho (5) pasa al central izquierdo (30).

2. El central izquierdo (30) pasa al mediocampista ofensivo (21) en el "Medio Espacio".

3. El mediocampista defensivo (25) se desplaza (carrera curva) para recibir del compañero.

4. El mediocampista defensivo (25) avanza con el balón y lo pasa al delantero (10).

5. El delantero (10) devuelve el balón al otro medio ofensivo (17), que se mueve hacia adelante y hacia adentro para recibir en el centro.

6. El segundo centrocampista ofensivo (17) recibe, abre y juega un pase diagonal por detrás del extremo (7).

7. El extremo (7) recibe y lanza un centro bajo para los compañeros que se aproximan.

8. El medio ofensivo (21), ambos extremos (19 y 7) y el delantero (10) hacen carreras hacia el área de penalti para intentar anotar. El delantero (10) anota en este ejemplo

Fuente: Pretemporada del Manchester City de Pep Guardiola en el NRG Stadium, Houston, Texas, EE. UU. - 20 de julio de 2017

Patrones de juego posicionales de ataque de Pep Guardiola: 4-3-3 buscando espaldas

2. Pase del medio defensivo "ficticio" del delantero para que el medio ofensivo corra y anote

Descripción

1. Central izquierdo (30) pasa a central derecho (5).

2. El central derecho (5) pasa al mediocampista ofensivo (17) en el "Medio Espacio".

3. El mediocampista defensivo (25) se desplaza (carrera curva) para recibir el descarga.

4. El centrocampista defensivo (25) pasa al delantero (10). Sin embargo, el delantero pasa por encima de la pelota.

5. El otro mediocampista atacante (21) del lado izquierdo hace que un tercer hombre corra para recibir el balón detrás del "muñeco" y avanzar.

6. El centrocampista ofensivo (21) dispara a portería.

Fuente: Pretemporada del Manchester City de Pep Guardiola en el NRG Stadium, Houston, Texas, EE. UU. - 20 de julio de 2017

Patrones de juego posicionales de ataque de Pep Guardiola: 4-3-3 buscando espaldas

3. Delantero juega el pase del medio defensivo para la carrera del tercer hombre del medio ofensivo

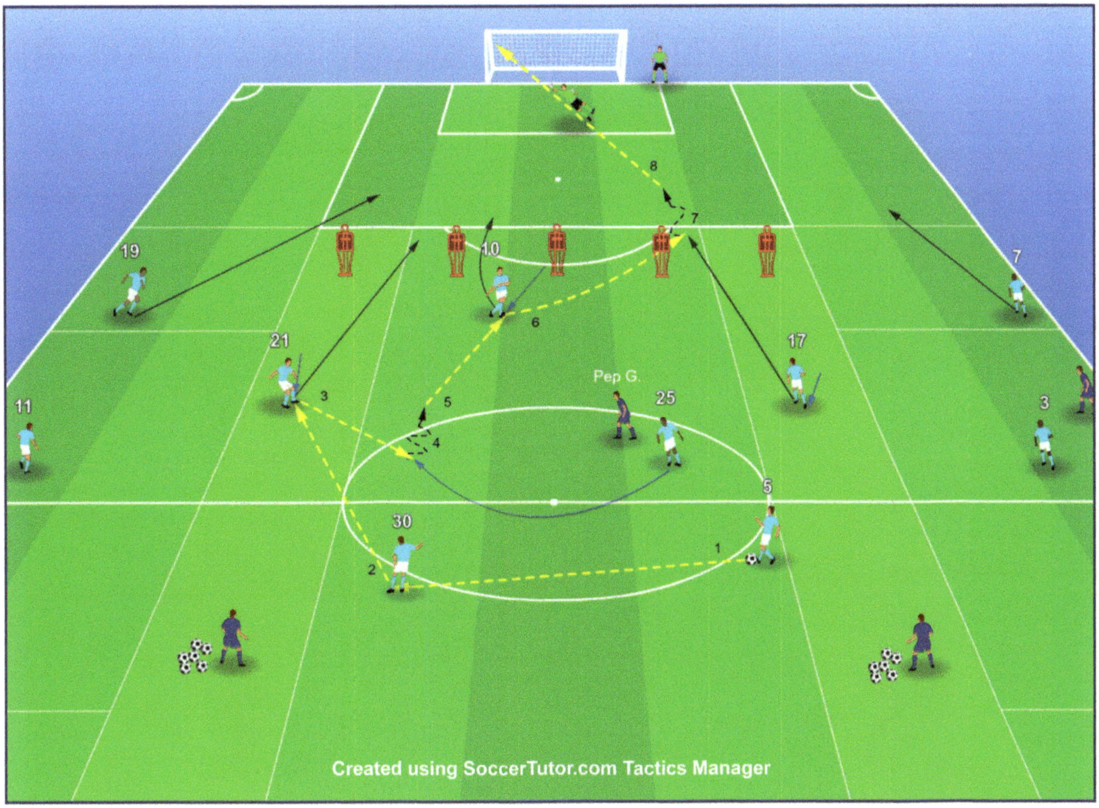

Descripción

1. Central derecho (5) pasa a la espalda dek central izquierdo (30).

2. El central izquierdo (30) pasa al mediocampista ofensivo (21) en el "Medio Espacio".

3. El mediocampista defensivo (25) se desplaza (carrera curva) para recibir el pase.

4. El mediocampista defensivo (25) avanza con el balón.

5. El centrocampista defensivo (25) pasa al delantero (10).

6. El delantero (10) retrocede y juega por detrás del defensor para la aprovechar la carrera del otro mediocampista ofensivo (17).

7. El mediocampista ofensivo (17) controla y prepara el tiro en el área de penalti.

8. Finaliza el centrocampista ofensivo (17).

Fuente: Pretemporada del Manchester City de Pep Guardiola en el NRG Stadium, Houston, Texas, EE. UU. - 20 de julio de 2017

Patrones de juego posicionales de ataque de Pep Guardiola: 4-3-3 buscando espaldas

4. Juego combinado del medio defensivo en el centro + pase aéreo diagonal detrás del extremo

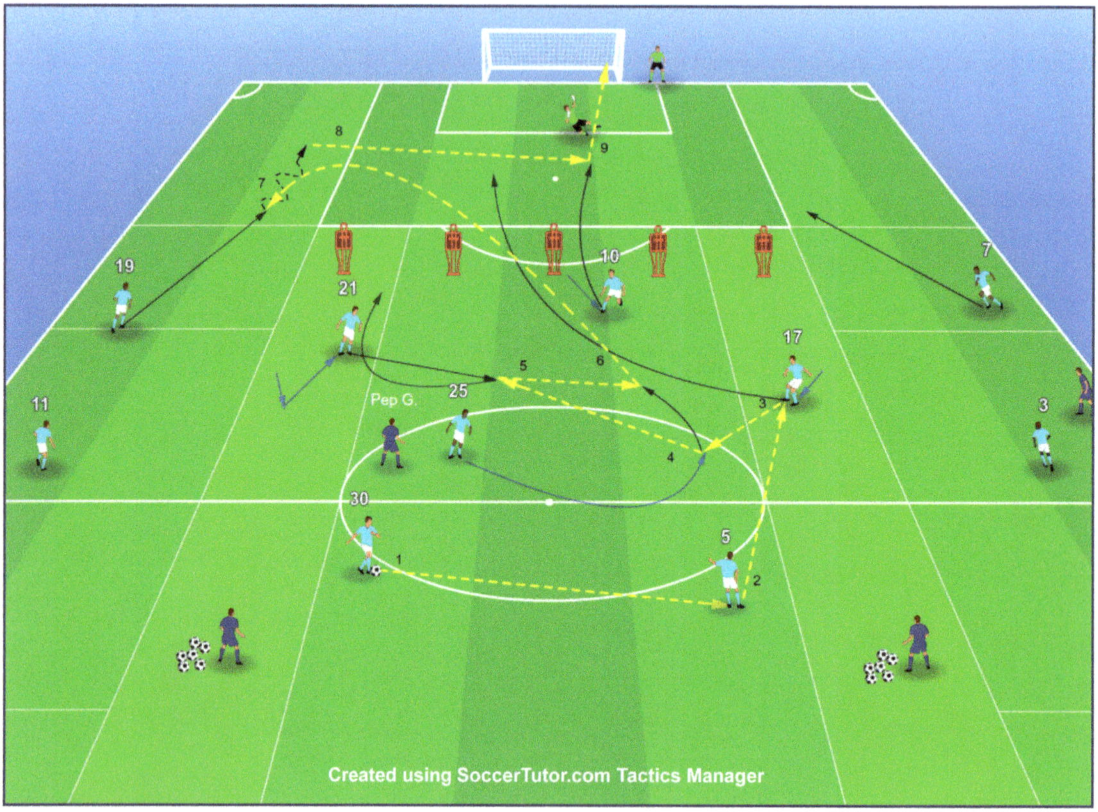

Descripción

1. Central izquierdo (30) pasa a central derecho (5).

2. El central derecho (5) pasa al mediocampista ofensivo (17) en el "Medio Espacio".

3. El mediocampista defensivo (25) se desplaza (carrera curva) para recibir el pase.

4. El mediocampista defensivo (25) pasa al mediocampista ofensivo (21) en el lado izquierdo, quien se mueve a una posición central para recibir.

5. El centrocampista defensivo (25) avanza para recibir la descarga de su compañero.

6. El centrocampista defensivo (25) realiza un pase aéreo en diagonal por detrás del extremo izquierdo (19).

7. El extremo (19) regatea hacia adelante con el balón.

8. El extremo (19) lanza un centro bajo para los compañeros que se acercan.

9. El delantero (10) marca desde una posición central.

Fuente: Pretemporada del Manchester City de Pep Guardiola en el NRG Stadium, Houston, Texas, EE. UU. - 20 de julio de 2017

Patrones del juego posicional de ataque (1-4-3-3)

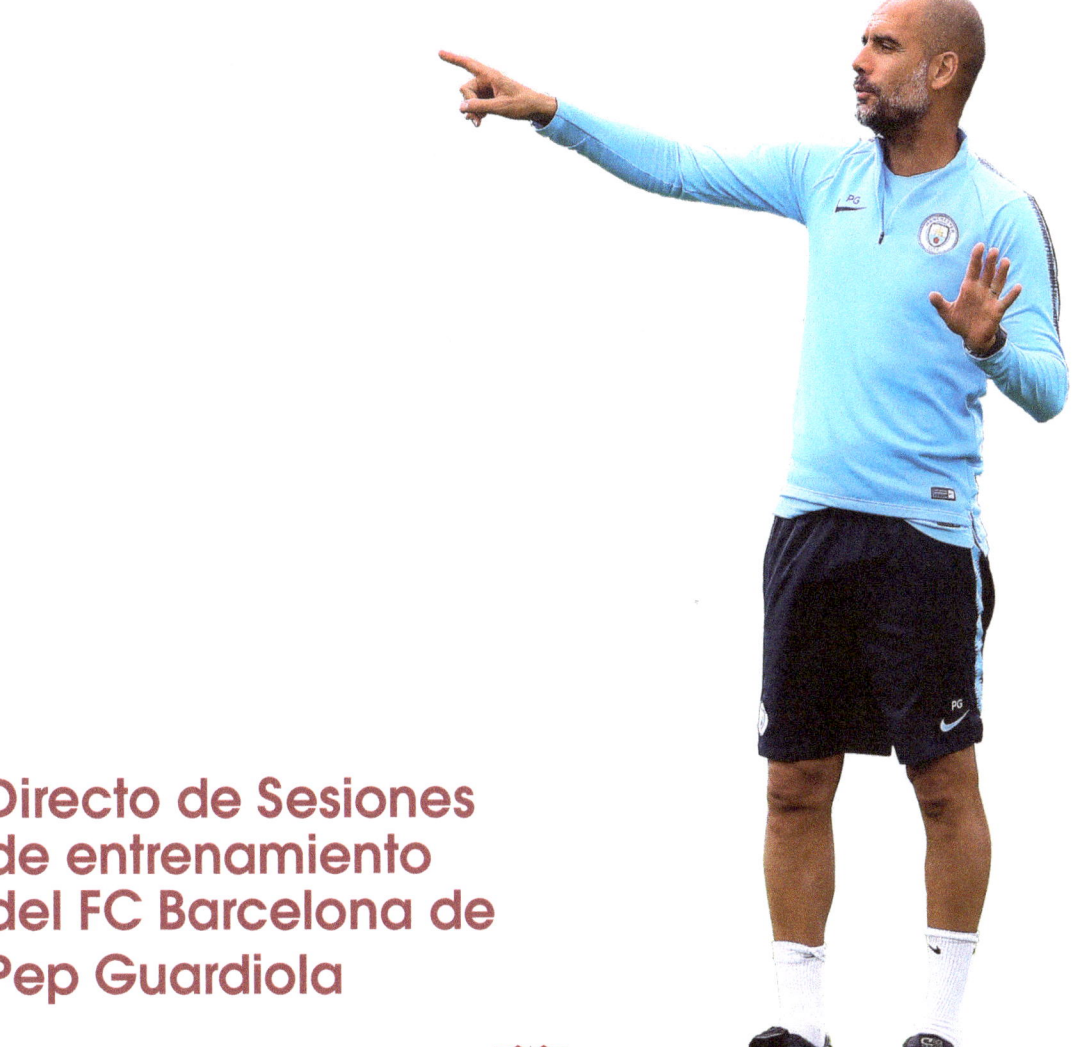

Directo de Sesiones de entrenamiento del FC Barcelona de Pep Guardiola

Ejemplos Pep Guardiola: Patrones del juego posicional de ataque (1-4-3-3)

"Tenía un maestro único. Crecí mucho con Pep como jugador y aprendí mucho de él. Algunos entrenadores son excelentes táticamente, pero Pep describía los movimientos que tenia que hacer en el campo y lo que sucedería entonces. ¡Y acertaba!"

(Lionel Messi)

Ejemplos Pep Guardiola: Patrones del juego posicional de ataque (1-4-3-3)

FORMACIÓN FC BARCELONA DE PEP GUARDIOLA (1-4-3-3)

- **4:** Central izquierdo
- **5:** Central derecho
- **3:** Lateral izquierdo
- **2:** Lateral derecho
- **6:** Mediocentro defensivo
- **10:** Medio ofensivo izquierdo
- **8:** Medio ofensivo derecho
- **11:** Extremo izquierdo
- **7:** Extremo derecho
- **9:** Delantero

Fuente: Entrenamientos de Pep Guardiola del equipo B del Barcelona (2007-08)

Ejemplos Pep Guardiola: Patrones del juego posicional de ataque (1-4-3-3)

POSICIONAMIENTO Y RECEPCIÓN EN LOS "MEDIOS ESPACIOS" (1-4-3-3)

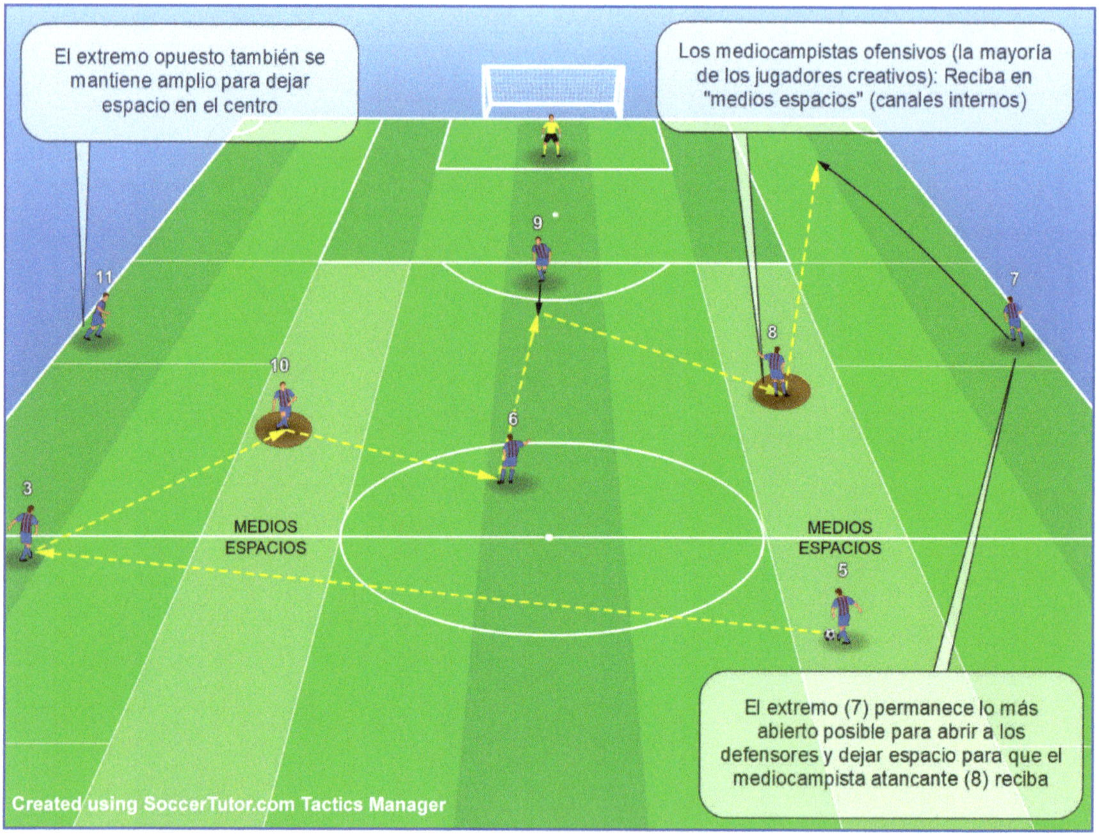

El extremo opuesto también se mantiene amplio para dejar espacio en el centro

Los mediocampistas ofensivos (la mayoría de los jugadores creativos): Reciba en "medios espacios" (canales internos)

MEDIOS ESPACIOS

MEDIOS ESPACIOS

El extremo (7) permanece lo más abierto posible para abrir a los defensores y dejar espacio para que el mediocampista atancante (8) reciba

- Si los medios atacantes reciben sin marcar dentro de los "Medios espacios" y pueden girar, entonces intentan realizar un último pase por detrás.

- Pep Guardiola quiere que sus extremos (7 y 11) se mantengan abiertos para ocupar a los defensas y dejar espacio para que sus centrocampistas ofensivos reciban dentro del "Medio Espacio" y giren sin marca.

- En este ejemplo, el FC Barcelona está utilizando el 4-3-3 y el centrocampista defensivo (6) pasa al delantero (9), que retrocede y pasa al centrocampista ofensivo (8) dentro del "Medio Espacio".

- El mediocampista ofensivo (8) tiene opciones para realizar un pase por detrás.

- En el ejemplo del diagrama, el centrocampista ofensivo (8) juega atrás para la carrera hacia adelante del extremo derecho (7).

- A partir de este punto, el extremo derecho (7) lanzará un pase cruzado bajo o un corte hacia atrás para los compañeros que se acercan y realizan carreras en el momento oportuno hacia el área de penalti.

Fuente: Entrenamientos de Pep Guardiola del equipo B del Barcelona (2007-08)

Ejemplos Pep Guardiola: Patrones del juego posicional de ataque (1-4-3-3)

1. Cambiar el juego para que el extremo reciba arriba y detrás usando pases cortos / medios

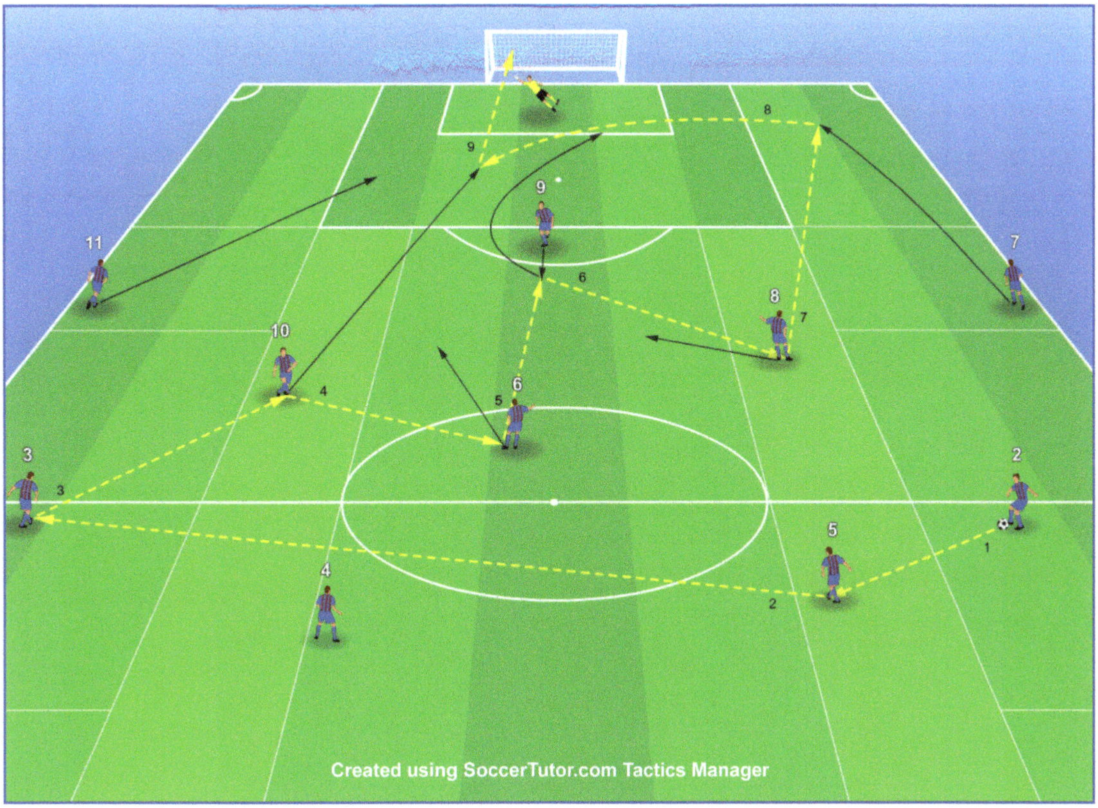

Descripción

1. El lateral derecho (2) pasa por dentro al central (5).
2. El central (5) pasa al lateral izquierdo (3), evadiendo al otro central (4).
3. El lateral izquierdo (3) pasa al mediocampista ofensivo (10), quien recibe dentro del "Medio Espacio".
4. El mediocampista ofensivo (10) pasa por dentro al mediocampista defensivo (6) en el centro.
5. El mediocampista defensivo (6) pasa hacia delante al delantero (9), que retrocede.
6. El delantero (9) devuelve el balón al otro mediocampista ofensivo (8), que también recibe dentro del "Medio Espacio".
7. Pep Guardiola quiere que sus mejores y más creativos jugadores reciban dentro del "Medio Espacio"; desde aquí, el número 8 puede jugar un pase por detrás para el extremo derecho (7).
8. El extremo (7) cruza para que los compañeros que se acercan marquen.

Fuente: Entrenamientos de Pep Guardiola del equipo B del Barcelona (2007-08)

Ejemplos Pep Guardiola: Patrones del juego posicional de ataque (1-4-3-3)

2. Cambiar el juego con un pase largo para que el extremo reciba y conduzca el balon hacia adelante

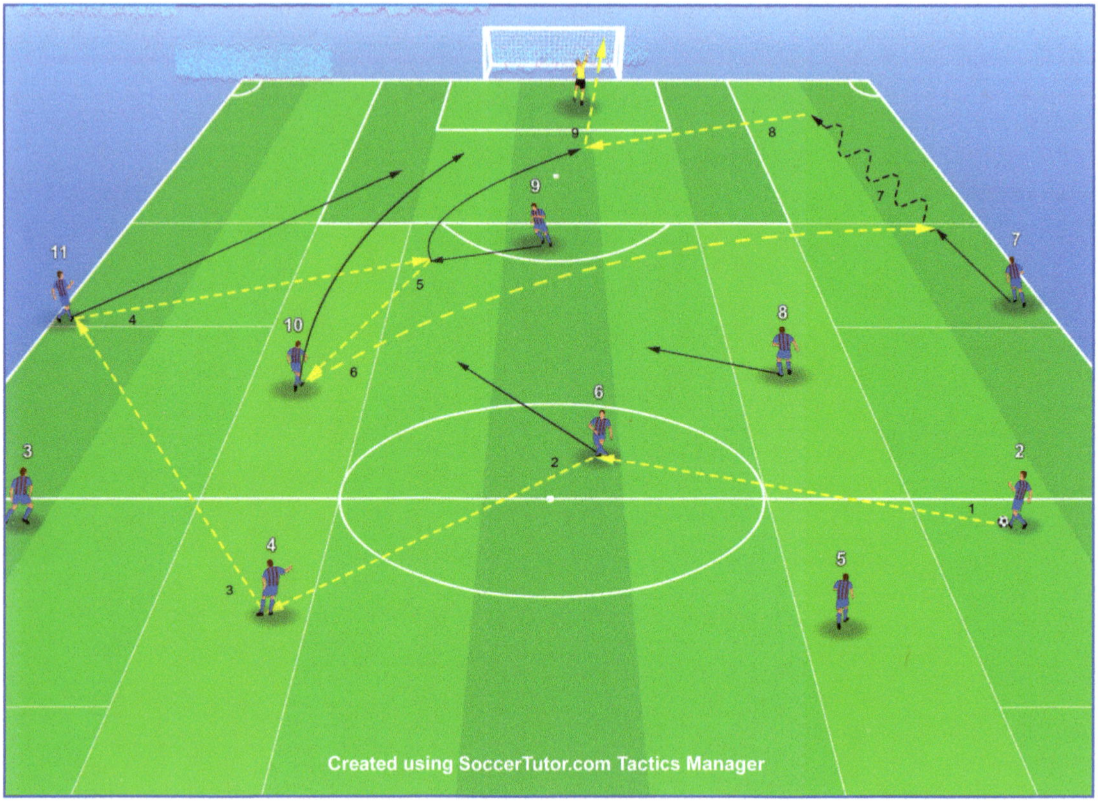

Descripción

1. El lateral derecho (2) pasa por dentro al mediocampista defensivo (6) en el centro.

2. El mediocampista defensivo (6) pasa de nuevo a la zaga central izquierda (4).

3. El lateral izquierdo (4) realiza un pase de longitud media hacia el extremo (11).

4. El extremo (11) pasa por dentro al delantero (9), que se desplaza para recibir.

5. El delantero (9) pasa hacia atrás para que el mediocampista ofensivo (10) lo reciba en el "Medio Espacio".

6. Después de un juego combinado en un lado, el objetivo ahora es mover el balón rápidamente hacia el lado débil y aprovechar el espacio de par en par. El mediocampista ofensivo (10) realiza un pase largo para cambiar el juego al extremo opuesto (7).

7. El extremo (7) regatea hacia adelante.

8. El extremo (7) cruza para que los compañeros que se acercan marquen.

Fuente: Entrenamientos de Pep Guardiola del equipo B del Barcelona (2007-08)

Ejemplos Pep Guardiola: Patrones del juego posicional de ataque (1-4-3-3)

3. Atacar por el centro con un pase aéreo y la carrera del mediocampista ofensivo

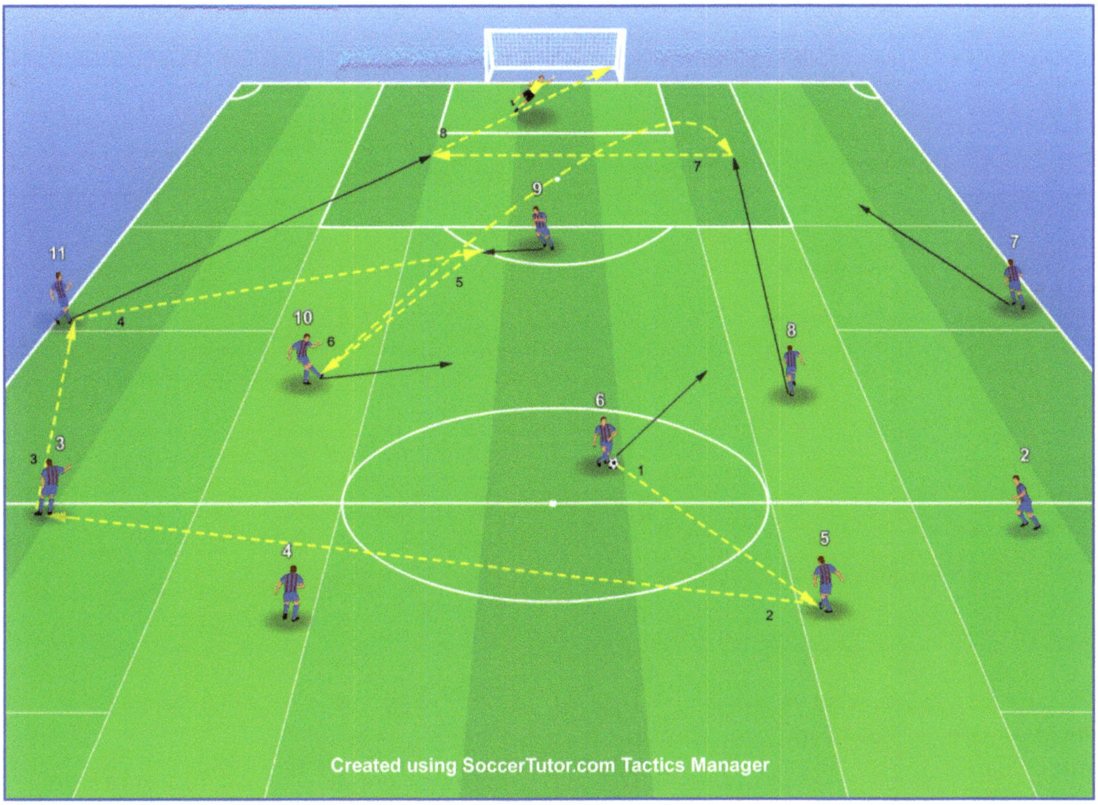

Descripción

1. El mediocampista defensivo (6) pasa de nuevo al central derecho (5).

2. El central derecho (5) pasa al lateral izquierdo (3), saltándose al otro central (4).

3. El lateral izquierdo (3) pasa adelante al extremo (11) fuera de par en par.

4. El extremo (11) pasa por dentro al delantero (9), que se desplaza para recibir.

5. El delantero (9) devuelve el balón al mediocampista ofensivo (10), que recibe dentro del "Medio Espacio".

6. El otro mediocampista ofensivo (8) hace una carrera de tercer hombre y el número 10 realiza un pase aéreo diagonal oportuno en su camino y detrás.

7. El centrocampista ofensivo (8) cruza (recorta) para que el extremo (11) marque.

Fuente: Entrenamientos de Pep Guardiola del equipo B del Barcelona (2007-08)

Ejemplos Pep Guardiola: Patrones del juego posicional de ataque (1-4-3-3)

4. Temporizar para combinar, recibir en la superposición, cruzar y terminar

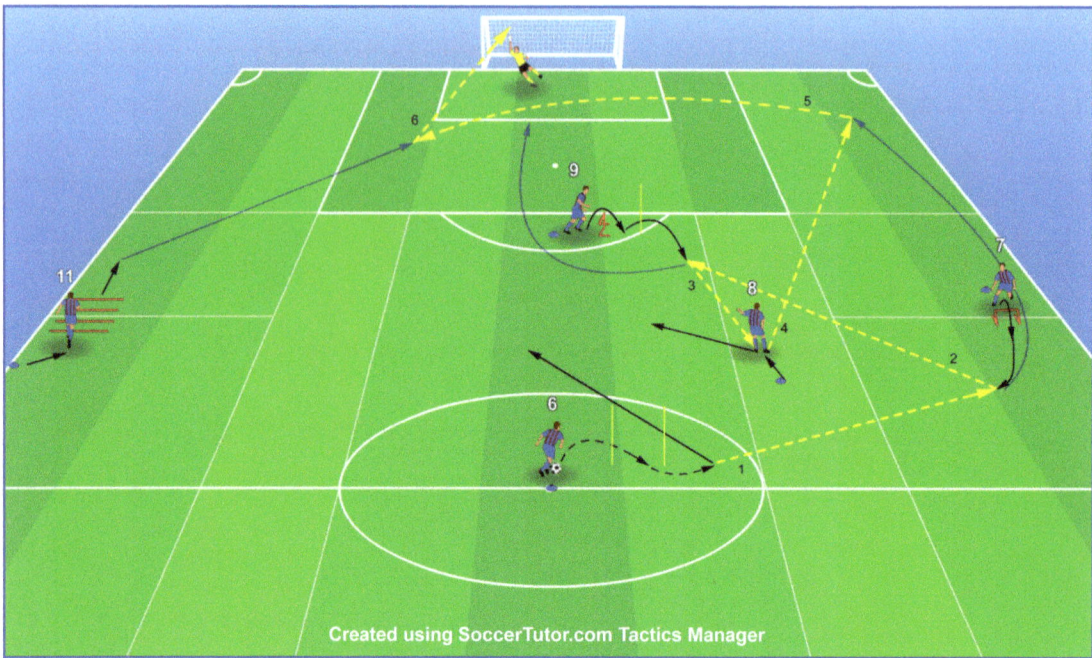

Objectivo: Alta velocidad de la pelota, sincronización del movimiento, concentración y finalización.

Descripción

1. El mediocampista defensivo (6) regatea a través de los postes, pasa desviado al extremo (7) y corre hacia el centro.

2. El extremo derecho (7) salta sobre la valla, retrocede para recibir el pase del mediocampista defensivo (6) y realiza un pase diagonal al delantero (9). Luego corre por la línea.

3. El delantero (9) salta por encima de la valla, corre alrededor de la pica para recibir el pase del extremo (7) y devuelve al centrocampista ofensivo (8). Luego hace una carrera curva hacia el área de penalti.

4. El mediocampista ofensivo (8) avanza para recibir el pase del delantero (9) y realiza un pase abierto para la carrera avanzada del extremo (7). Luego se mueve adentro.

5. El extremo derecho (7) recibe el pase en posición avanzada después de una carrera superpuesta y cruza al área de penalti.

6. El extremo izquierdo (11) salta por encima de las vallas y corre hacia el segundo palo para intentar anotar desde el centro.

Fuente: Entrenamientos de Pep Guardiola del equipo B del Barcelona (2007-08)

Ejemplos Pep Guardiola: Patrones del juego posicional de ataque (1-4-3-3)

5. Temporizar para combinar, cambiar de juego, cruzar y finalizar

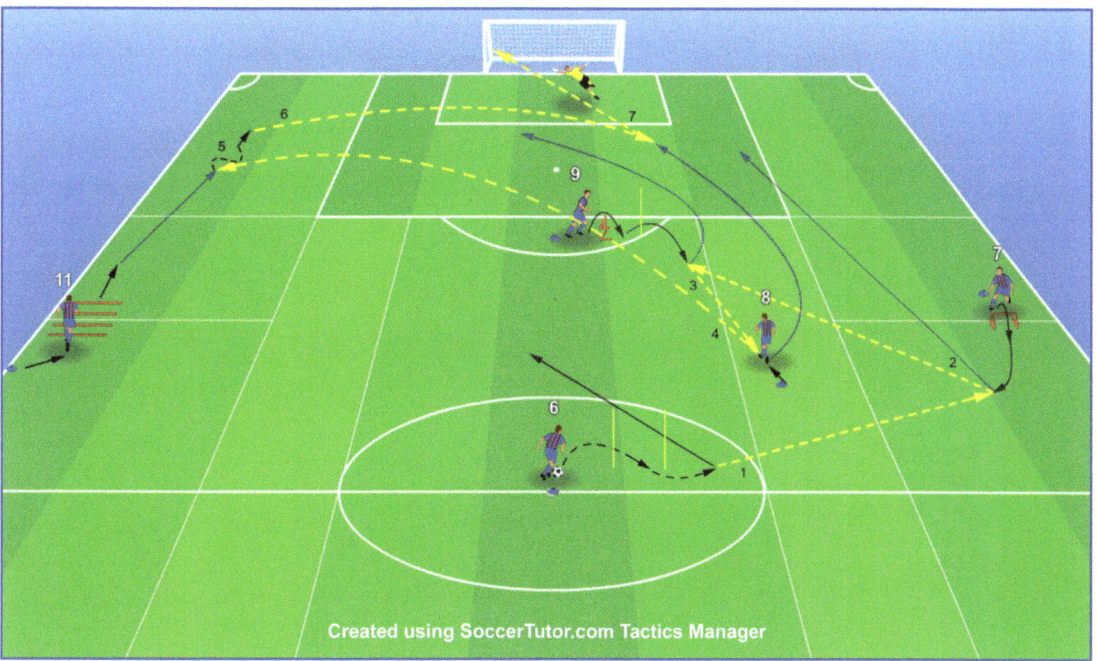

Objetivo: Alta velocidad del balón, sincronización del movimiento, concentración y finalización.

Descripción

1. El mediocampista defensivo (6) regatea a través de los postes, pasa desviado al extremo (7) y corre hacia el centro.

2. El extremo derecho (7) salta sobre la valla, retrocede para recibir el pase del mediocampista defensivo (6) y realiza un pase diagonal al delantero (9). Luego corre hacia el poste trasero.

3. El delantero (9) salta por encima de la valla, corre alrededor de la pica para recibir el pase del extremo (7) y devuelve al centrocampista ofensivo (8). Luego hace una carrera curva hacia el poste delantero.

4. El centrocampista ofensivo (8) avanza para recibir el pase del delantero (9) y cambia de juego con un pase aéreo en diagonal al extremo izquierdo (11). Luego hace una carrera curva entre los otros 2 jugadores.

5. El extremo izquierdo (11) salta a través de los postes del suelo, hace una carrera hacia adelante para recibir el cambio de juego y lanza un centro al área de penalti.

Fuente: Entrenamientos de Pep Guardiola del equipo B del Barcelona (2007-08)

Ejemplos Pep Guardiola: Patrones del juego posicional de ataque (1-4-3-3)

6. Combinación de ataque de cuatro jugadores con pase directo, centro y remate por el lado izquierdo

Este es un patrón de juego más simple con el lateral puro en posesión en el campo contrario. El patrón incluye 4 jugadores: lateral izquierdo (3), mediocampista ofensivo (10), extremo (11) y delantero (9).

Descripción

1. El medio de banda (11) está de espaldas a la portería y pasa de nuevo al lateral izquierdo (3).

2. El lateral izquierdo (3) pasa en diagonal al delantero (9).

3. El delantero (9) pasa de nuevo al centrocampista ofensivo (10) y luego inicia su movimiento hacia el área de penalti.

4. El mediocampista ofensivo (10) realiza un pase más largo hacia una posición avanzada en lo alto del flanco para que el extremo izquierdo (11) lo alcance.

5. El lateral izquierdo (11) cruza al centro del área penal para la oportuna carrera del delantero (9), que intenta anotar.

Fuente: Entrenamientos de Pep Guardiola del equipo B del Barcelona (2007-08)

Ejemplos Pep Guardiola: Patrones del juego posicional de ataque (1-4-3-3)

7. Combinación de ataque de cuatro jugadores con pase directo, centro y remate por el lado derecho

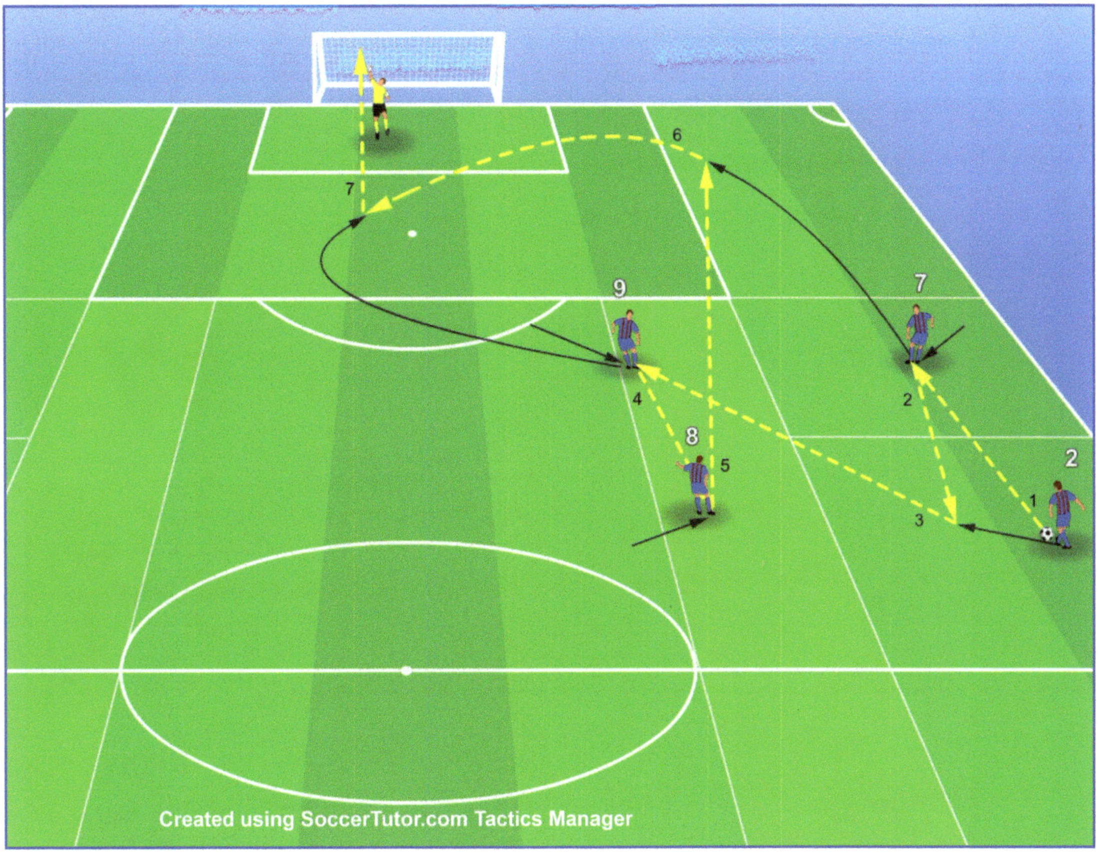

Descripción

1. El lateral derecho (2) pasa adelante al lateral derecho (7).
2. El extremo derecho (7) pasa de regreso al lateral derecho (2) para completar una combinación de 1-2, y luego gira para correr hacia adelante.
3. El lateral derecho (2) pasa al delantero (9).
4. El delantero (9) devuelve el pase al mediocampista ofensivo (8) y luego inicia su movimiento hacia el área de penalti.
5. El mediocampista ofensivo (8) realiza un pase más largo hacia una posición avanzada en lo alto del flanco para que el extremo derecho (7) pueda correr.
6. El lateral derecho (7) cruza al centro del área penal para la oportuna carrera del delantero (9), que intenta anotar.

Fuente: Entrenamientos de Pep Guardiola del equipo B del Barcelona (2007-08)

PATRONES DE ATAQUE DEL JUEGO DE POSICION (1-3-5-2)

Ejemplo de Pep Guardiola: Patrones de ataque en el juego de posicion (1-3-5-2)

"Mientras atacamos, la idea es mantener siempre tu puesto, estar siempre en el lugar donde tienes que estar. Hay dinamismo, movilidad, pero el puesto siempre tiene que ser ocupado por alguien".

Ejemplo de Pep Guardiola: Patrones de ataque en el juego de posicion (1-3-5-2)

FORMACION DEL MANCHESTER CITY DE PEP GUARDIOLA (1-3-5-2)

- **5. Stones:** Central izquierdo
- **4. Kompany:** Libre
- **30. Otamendi:** Central derecho
- **19. Sané:** Carrilero izquierdo
- **2. Walker:** Carrilero derecho

- **25. Fernandinho:** Mediocentro defensivo
- **21. Silva:** Medio ofensivo izquierdo
- **17. De Bruyne:** Medio ofensivo derecho
- **7. Sterling:** Segundo delantero
- **10. Agüero:** Delantero centro

Fuente: Entrenamiento de Pep Guardiola en el Manchester City en la gira de pretemporada en EE. UU. - 29 de julio de 2017

Ejemplo de Pep Guardiola: Patrones de ataque en el juego de posición (1-3-5-2)

COLOCACIÓN Y RECEPCIÓN EN LOS "MEDIOS ESPACIOS" (1-3-5-2)

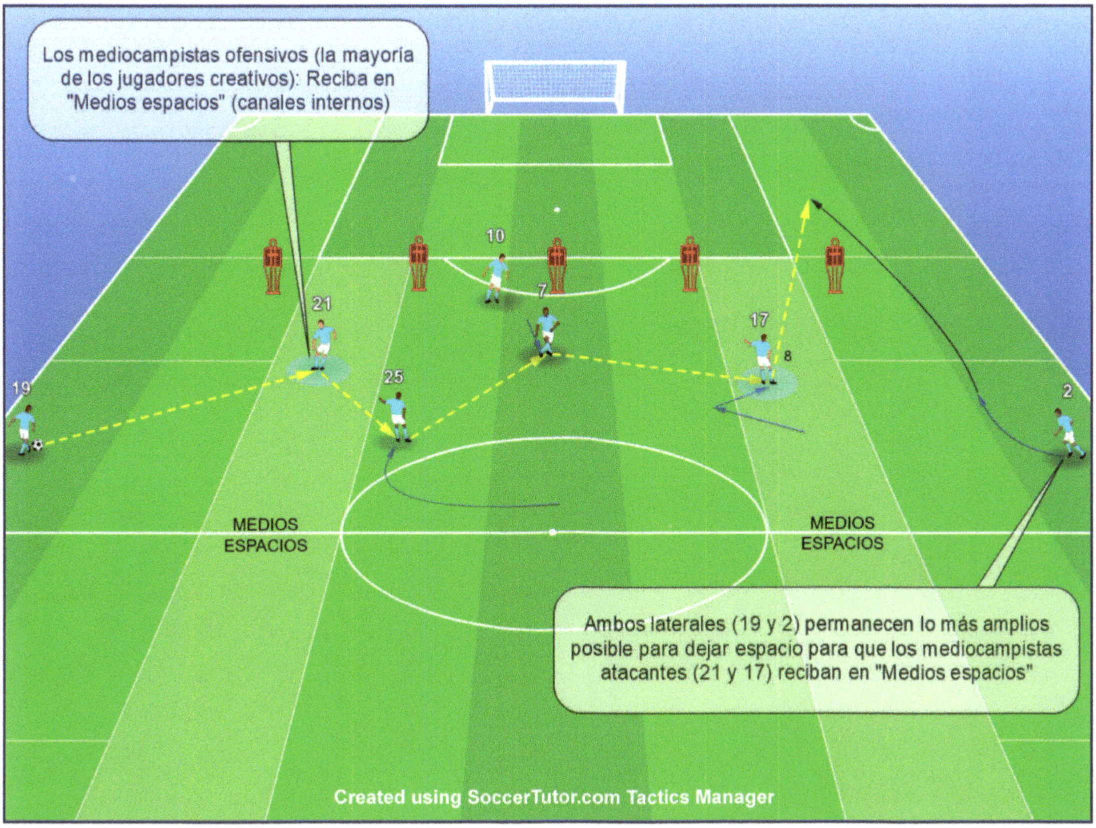

- Si los centrocampistas ofensivos del Manchester City reciben sin marcar dentro de los "Medios espacios" y pueden girar, entonces intentan jugar una última pelota por detrás.

- Pep Guardiola quiere que sus laterales (19 y 2) se mantengan abiertos y dejen espacio para que sus centrocampistas ofensivos reciban dentro del "Medio Espacio" y giren sin marcar.

- En este ejemplo, el Manchester City está usando la formación 3-5-2 y el segundo delantero Sterling (7) pasa al mediocampista ofensivo De Bruyne (17) dentro del "Half Space".

- A partir de este punto, De Bruyne (17) tiene opciones para jugar un pase por detrás.

- En el ejemplo del diagrama, De Bruyne (17) pasa por detrás para que el lateral derecho Walker (2) lo alcance.

Fuente: Entrenamiento de Pep Guardiola en el Manchester City en la gira de pretemporada en EE. UU. - 29 de julio de 2017

Ejemplo de Pep Guardiola: Patrones de ataque en el juego de posicion (1-3-5-2)

CONFIGURACIÓN DE ENTRENAMIENTO DE PATRONES DE PEP GUARDIOLA (1-3-5-2)

- Este diagrama muestra la configuración de Pep Guardiola para practicar patrones de juego posicionales en los entrenamientos con su equipo del Manchester City.

- Hay entrenadores detrás con muchos balones, listos para pasar a los centrales para iniciar el patrón.

- También hay 5 muñecos en línea fuera del área penal y 3 defensores rojos pasivos en el centro.

- En cada posición, hay 2 jugadores (1 azul y 1 amarillo), que forman 2 equipos de 10 jugadores de campo para practicar patrones.

- Los 2 equipos ejecutan alternativamente los patrones trazados por Pep Guardiola.

- Tan pronto como un equipo termina, trota de regreso a sus posiciones y el siguiente equipo se va.

Fuente: Entrenamiento de Pep Guardiola en el Manchester City en la gira de pretemporada en EE. UU. - 29 de julio de 2017

Pase de medicentro defensivo para descarga del delantero buscando tercer hombre por dentro

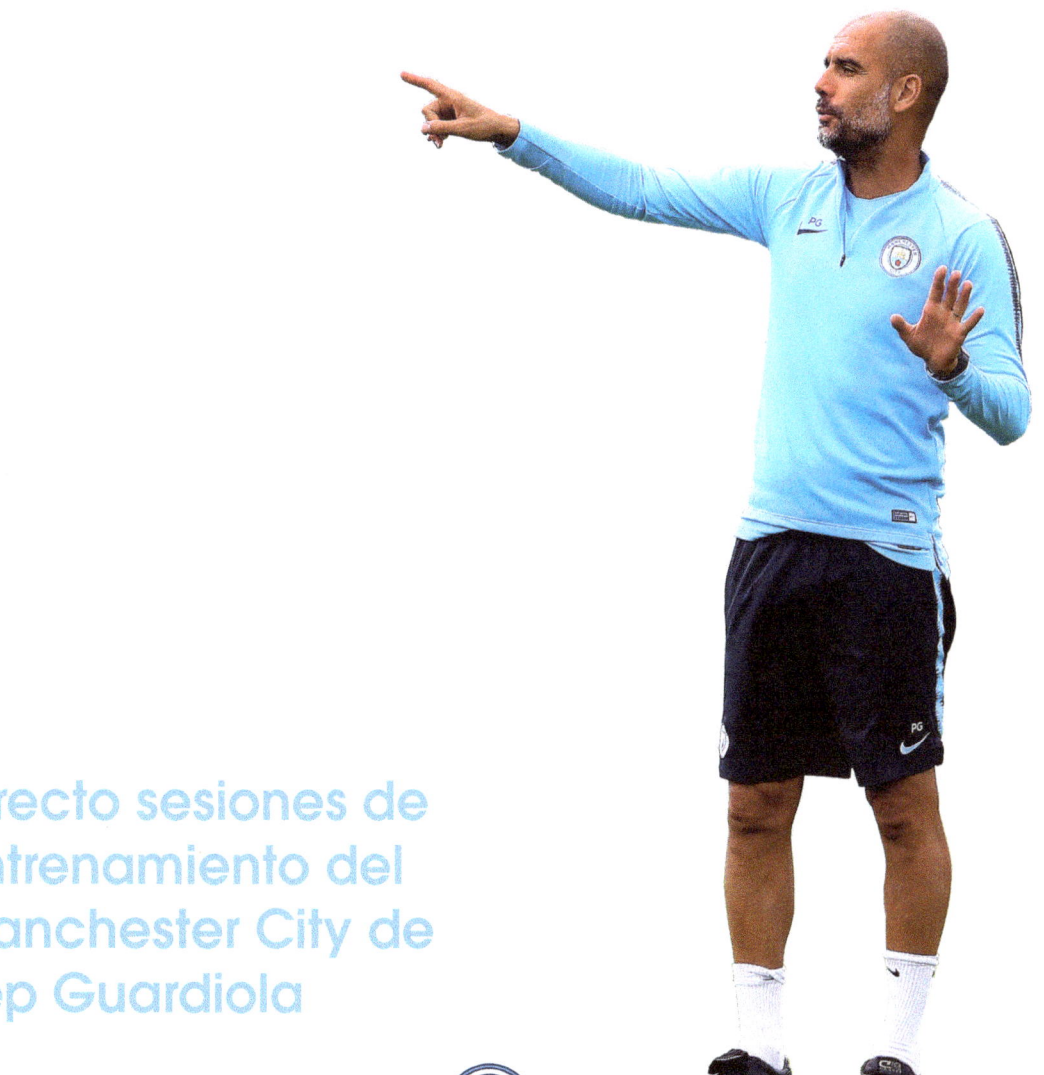

Directo sesiones de entrenamiento del Manchester City de Pep Guardiola

Patrones 1-3-5-2 Pep Guardiola: Pase del mediocentro defensivo al delantero buscando tercer hombre por dentro

1. Ambos delanteros retroceden para combinar + Tercer hombre del mediocampista atacante corre detrás

Descripción

1. El central izquierdo (5) pasa al interior central derecho (4).
2. El central (4) pasa al centro de la espalda derecha (30).
3. El central derecho (30) pasa al mediocampista ofensivo (17), quien retrocede y recibe dentro del "Medio Espacio".
4. El mediocampista defensivo (25) cruza para recibir el pase de descarga.
5. El centrocampista defensivo (25) pasa al delantero adelantado (10), que retrocede para recibir.
6. El delantero (10) devuelve el balón al otro delantero (7), que está en una posición más profunda.
7. El mediocampista ofensivo (17) hace una carrera de tercer hombre y recibe el oportuno pase del delantero (7) por detrás.
8. El centrocampista ofensivo (17) pasa al delantero (10), que ha hecho una carrera curva para ponerse en posición y marcar.

Fuente: Entrenamiento de Pep Guardiola en Manchester City durante la gira de pretemporada en EE. UU. - 29 de julio de 2017

Patrones 1-3-5-2 Pep Guardiola: Pase del mediocentro defensivo al delantero buscando tercer hombre por dentro

2. Delantero descarga al segundo delantero + mediocampistas ofensivos Tercer hombre corre para recibir en el centro

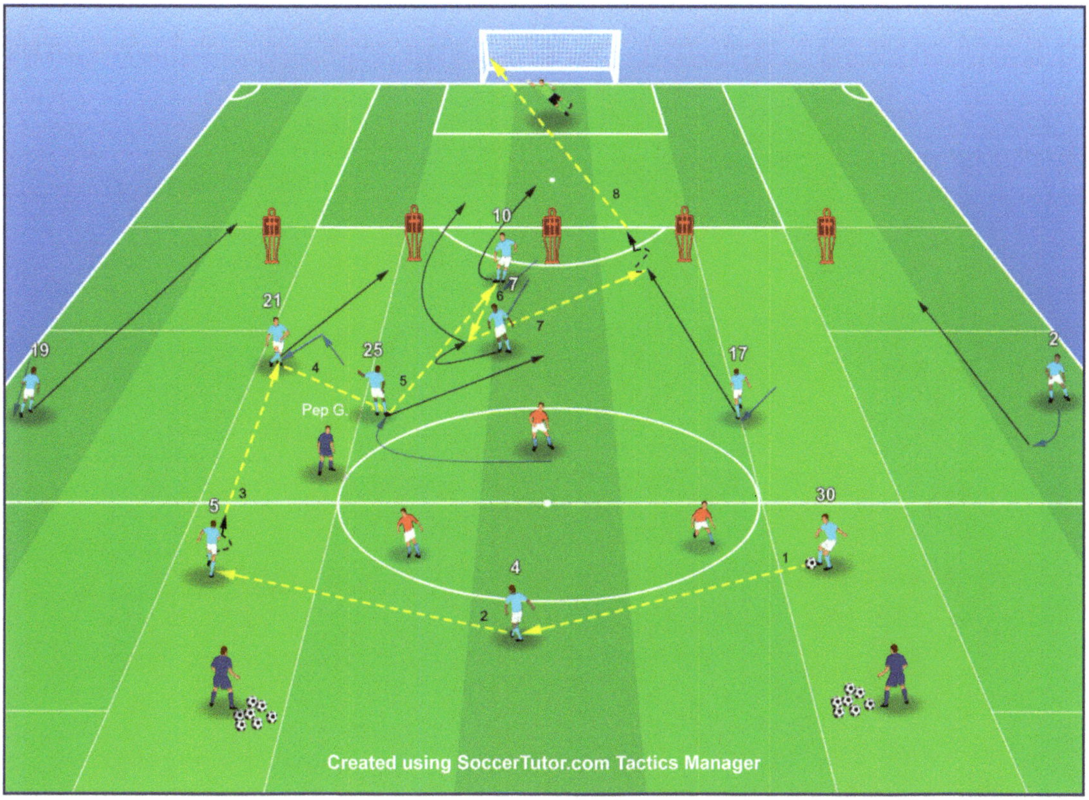

Descripción

1. El central derecho (30) pasa por dentro al central (4).

2. El central (4) pasa al centro de la espalda izquierda (5).

3. El central izquierdo (5) pasa al mediocampista ofensivo (21) dentro del "Medio Espacio".

4. El mediocampista defensivo (25) se mueve hacia adelante y hacia atrás para recibir el pase de descanso.

5. El centrocampista defensivo (25) pasa al delantero (10) y el otro delantero (7) baja.

6. El delantero (10) devuelve el balón al otro delantero (7).

7. El mediocampista ofensivo del otro lado (17) hace una carrera en el momento adecuado como tercer hombre para recibir el pase del delantero (7).

8. El centrocampista ofensivo (17) regatea hacia adelante entre los muñecos y dispara a portería.

Fuente: Entrenamiento de Pep Guardiola en Manchester City durante la gira de pretemporada en EE. UU. - 29 de julio de 2017

Patrones 1-3-5-2 Pep Guardiola: Pase del mediocentro defensivo al delantero buscando tercer hombre por dentro

3. Delantero descarga al segundo delantero + mediocampistas ofensivos Tercer hombre corre detrás

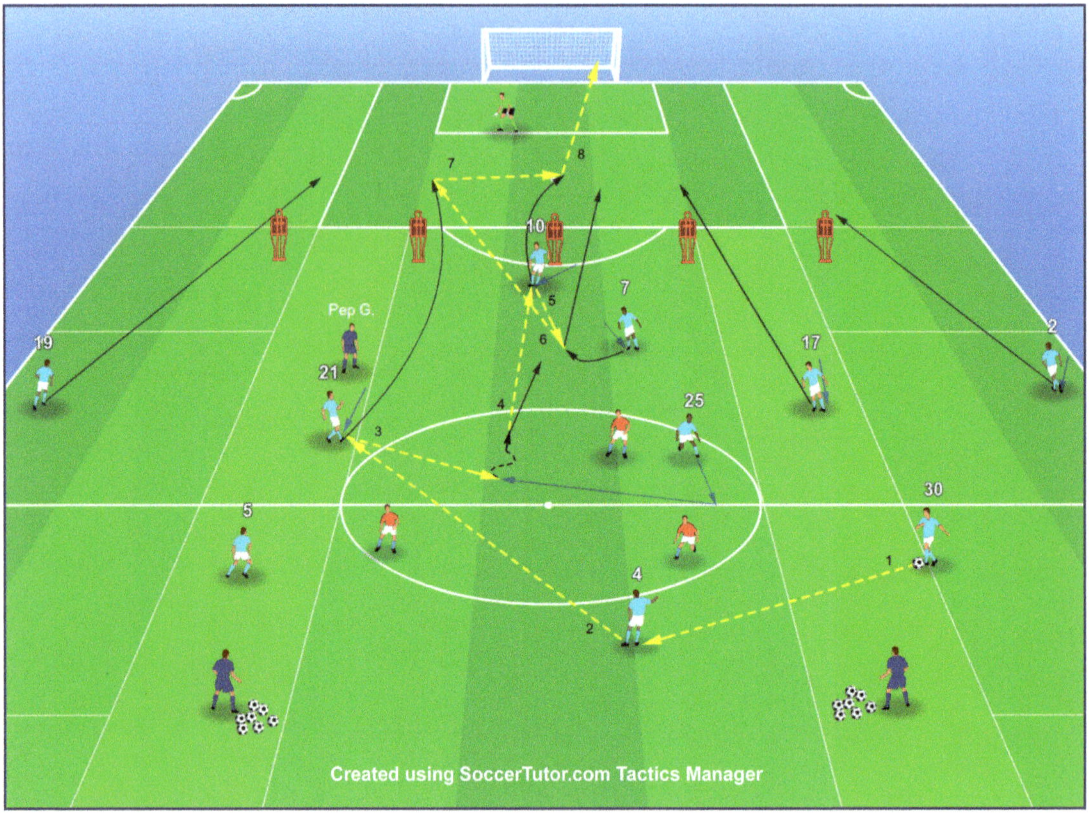

Descripción

1. El central derecho (30) pasa por dentro al central (4).

2. El central (4) pasa al mediocampista ofensivo (21) del lado izquierdo, quien retrocede y recibe dentro del "Medio Espacio".

3. El mediocampista defensivo (25) inicialmente retrocede para recibir del número 4, y luego se mueve para recibir el pase interior del mediocampista ofensivo (21).

4. El mediocampista defensivo (25) avanza con el balón y lo pasa al delantero (10).

5. El delantero (10) devuelve el balón al otro delantero (7).

6. El mediocampista ofensivo (21) realiza una carrera de tercer hombre y recibe el oportuno pase del delantero (7) por detrás.

7. El centrocampista ofensivo (17) pasa al delantero (10) que ha hecho una carrera hacia adelante para ponerse en posición para marcar.

Fuente: Entrenamiento de Pep Guardiola en Manchester City durante la gira de pretemporada en EE. UU. - 29 de julio de 2017

Patrones 1-3-5-2 Pep Guardiola: Pase del mediocentro defensivo al delantero buscando tercer hombre por dentro

4. Juego rápido combinado entre el mediocampista ofensivo y 2 delanteros

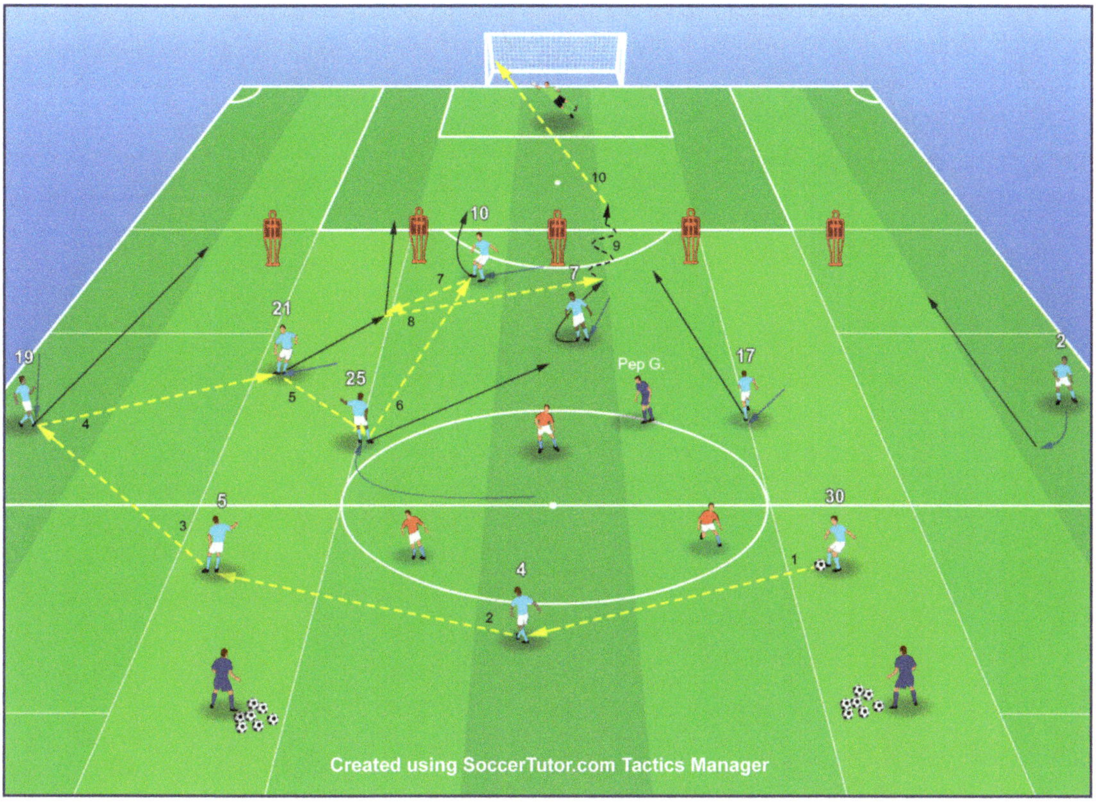

Descripción

1. El central derecho (30) pasa por dentro al central (4).

2. El central (4) pasa al centro de la espalda izquierda (5).

3. El lateral izquierdo (5) pasa al lateral izquierdo (19), que recibe fuera de banda.

4. El lateral izquierdo (19) pasa al mediocampista ofensivo (21) dentro del "Medio Espacio".

5. El mediocampista defensivo (25) se mueve hacia adelante y hacia atrás para recibir el pase de descanso.

6. El centrocampista defensivo (25) pasa al delantero (10) y el otro delantero (7) retrocede.

7. El delantero (10) devuelve el balón al mediocampista ofensivo (21), que vuelve a recibir dentro del "Medio Espacio".

8. El mediocampista ofensivo (21) realiza un pase oportuno al centro para el movimiento del delantero (7).

9. El delantero (7) regatea hacia delante entre los muñecos y dispara a portería.

Fuente: Entrenamiento de Pep Guardiola en Manchester City durante la gira de pretemporada en EE. UU. - 29 de julio de 2017

Patrones 1-3-5-2 Pep Guardiola: Pase del mediocentro defensivo al delantero buscando tercer hombre por dentro

5. Usar las combinaciones rápidas del mediocampista defensivo para mejorar el juego hacia los delanteros

Descripción

1. El central derecho (30) pasa por dentro al central puro que está en el centro (4).

2. El central (4) regatea.

3. El central (4) pasa al volante defensivo (25).

4. El mediocampista defensivo (25) juega el balón hacia atrás para completar la combinación 1-2.

5. El centro de la espalda central (4) pasa al centro de la espalda izquierda (5).

6. El central izquierdo (5) pasa al mediocampista ofensivo (21), quien recibe dentro del "Medio Espacio".

7. El centrocampista defensivo (25) avanza (carrera curva) para recibir el descarga.

8. El centrocampista defensivo (25) pasa al delantero (10).

9. El delantero (10) pasa para que el otro delantero (7) corra hacia delante, realice un regate hacia delante y dispare a portería.

Fuente: Entrenamiento de Pep Guardiola en Manchester City durante la gira de pretemporada en EE. UU. - 29 de julio de 2017

Cambiar el eje de ataque y pase para el desmarque del carrilero

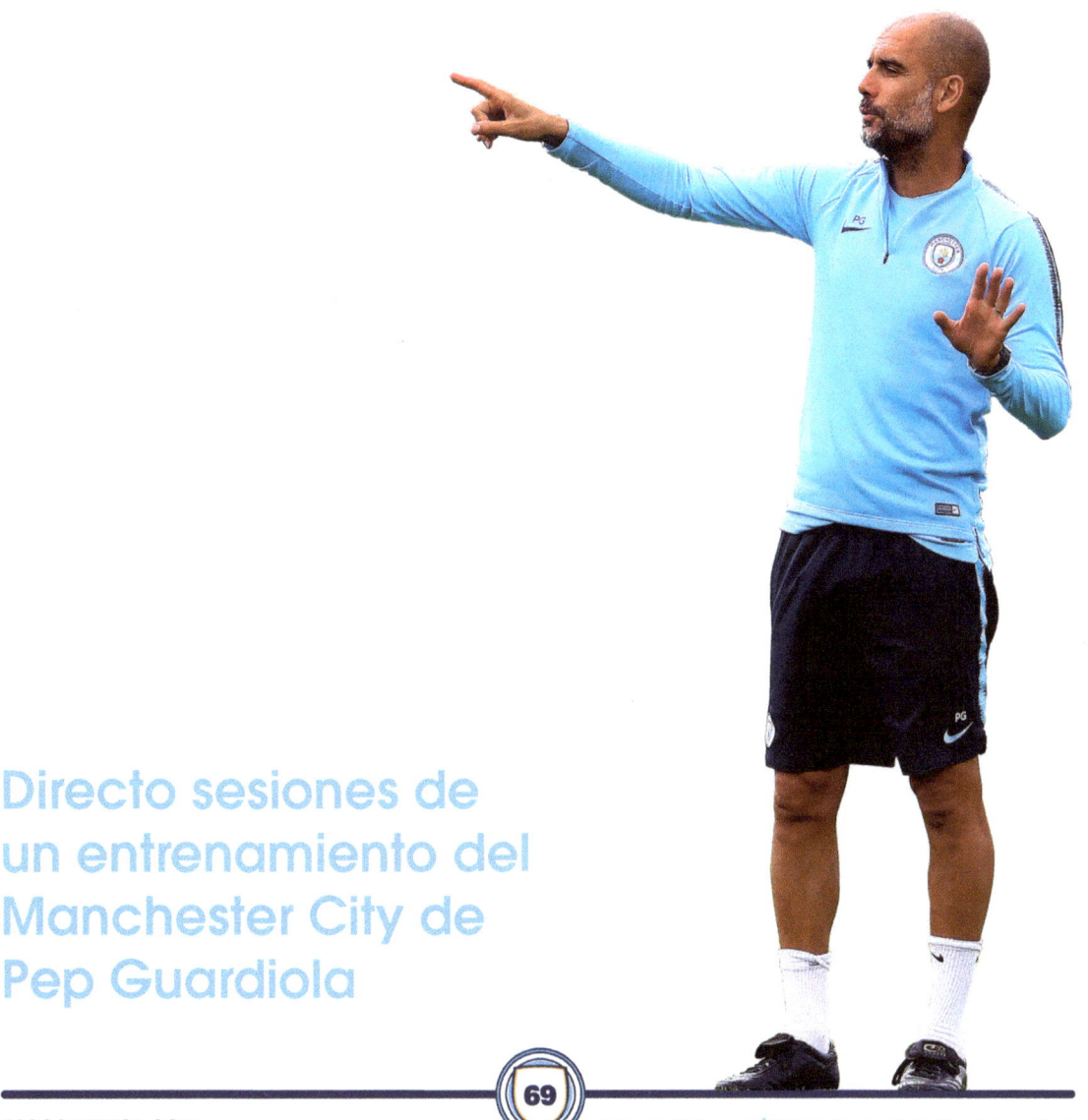

Directo sesiones de un entrenamiento del Manchester City de Pep Guardiola

Patrones 1-3-5-2 Pep Guardiola: Cambiar el eje de ataque y pase a desmarque del carrilero

1. Cambiar el juego para que el carrilero vuelva a recibir detrás

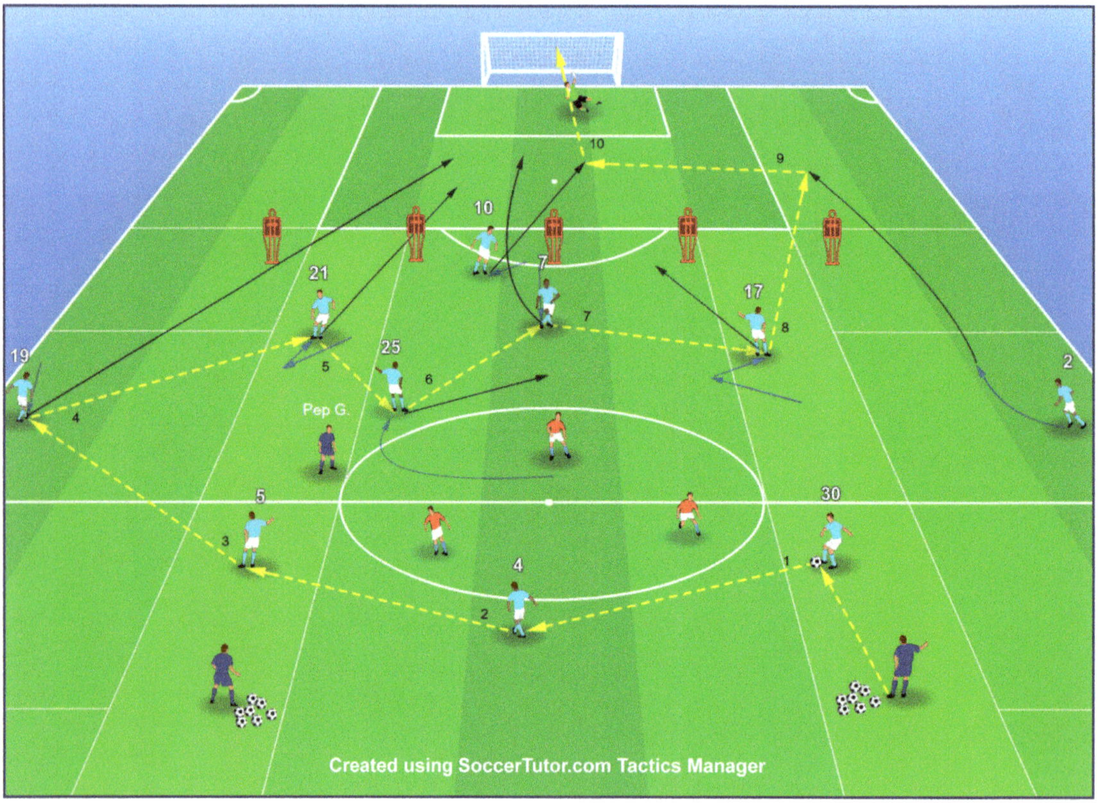

Descripción

1. El central derecho (30) pasa por dentro al central (4).

2. El central (4) pasa al centro de la espalda izquierda (5).

3. El lateral izquierdo (5) pasa al lateral izquierdo (19), que recibe fuera de banda.

4. El lateral izquierdo (19) pasa al mediocampista ofensivo (21) dentro del "Medio Espacio".

5. El mediocampista defensivo (25) se mueve hacia adelante y hacia atrás para recibir el pase de descarga.

6. El centrocampista defensivo (25) pasa al delantero (7), que retrocede para recibir.

7. El delantero (7) devuelve el balón al otro mediocampista ofensivo (17), que también recibe dentro del "Medio Espacio".

8. El mediocampista ofensivo (17) pasa por detrás para la carrera superpuesta del lateral derecho (2).

9. El lateral (2) cruza para que los compañeros que se acercan marquen.

Fuente: Entrenamiento de Pep Guardiola en Manchester City durante la gira de pretemporada en EEUU - 29 de julio de 2017

Patrones 1-3-5-2 Pep Guardiola: Cambiar el eje de ataque y pase a desmarque del carrilero

2. Cambio aéreo del juego del mediocampista defensivo hacia el carrilero + desmarque del mediocampista ofensivo

Descripción

1. El central derecho (30) pasa por dentro al central (4).

2. El central (4) pasa al centro de la espalda izquierda (5).

3. El lateral izquierdo (5) pasa al lateral izquierdo (19), que recibe fuera de banda.

4. El lateral izquierdo (19) pasa de nuevo al centrocampista ofensivo (21), que cruza.

5. El centrocampista ofensivo (21) pasa al delantero (7), que cruza para recibir.

6. El delantero (7) devuelve el balón al centrocampista defensivo (25), que ha hecho una carrera curva.

7. El lateral derecho (2) realiza una carrera hacia adelante para recibir el pase aéreo del volante defensivo (25). El otro mediocampista ofensivo (17) hace que un tercer hombre corra entre los muñecos.

8. El lateral (2) pasa al interior del centrocampista ofensivo (17).

9. El centrocampista ofensivo (17) pasa para que el delantero (10) marque.

Fuente: Entrenamiento de Pep Guardiola en Manchester City durante la gira de pretemporada en EEUU - 29 de julio de 2017

Patrones 1-3-5-2 Pep Guardiola: Cambiar el eje de ataque y pase a desmarque del carrilero

3. Usar el juego corto para cambiar el punto de ataque por detrás al lateral

Descripción

1. El central (4) regatea hacia adelante.

2. El central (4) pasa al central izquierdo (5), que avanza.

3. El lateral izquierdo (5) pasa al lateral izquierdo (19), que retrocede.

4. El mediocampista atacante (25) se mueve para recibir el siguiente pase dentro del "Medio Espacio".

5. El mediocampista ofensivo (25) pasa al delantero (10), que retrocede.

6. El delantero (10) devuelve el balón al mediocampista ofensivo (21) para completar la combinación 1-2.

7. El mediocampista ofensivo (21) pasa al otro mediocampista ofensivo (17), que ha pasado a una posición avanzada.

8. El centrocampista defensivo (25) avanza para recibir pase de descarga.

9. El mediocampista defensivo (25) juega el balón por detrás del defensor para que el lateral (2) corra y entregue un centro bajo para los compañeros que se aproximan.

Fuente: Entrenamiento de Pep Guardiola en Manchester City durante la gira de pretemporada en EEUU - 29 de julio de 2017

Patrones 1-3-5-2 Pep Guardiola: Cambiar el eje de ataque y pase a desmarque del carrilero

4. Desplazamiento del delantero al segundo delantero para cambiar el punto de ataque para desmarque del carrilero

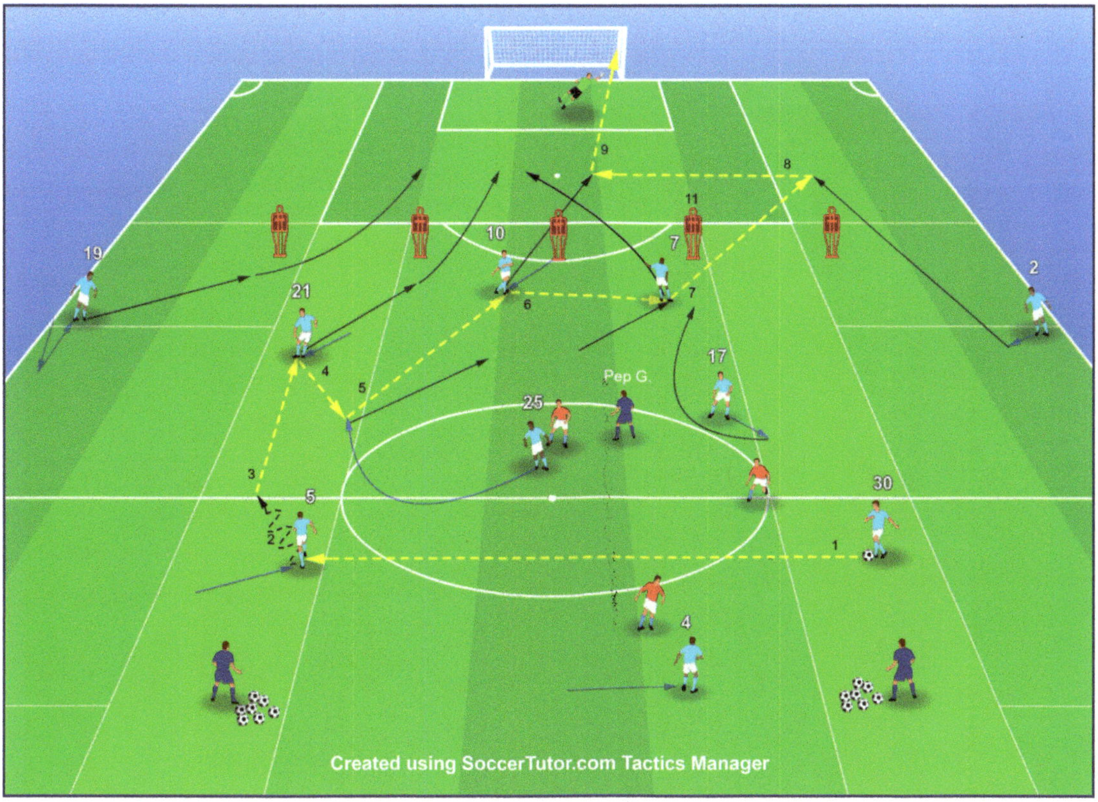

* Un oponente rojo está en una posición más avanzada para bloquear el pase al central (4).

Descripción

1. El central derecho (30) pasa al central izquierdo (5).
2. El central izquierdo (5) regatea hacia adelante.
3. El central izquierdo (5) pasa al mediocampista ofensivo (21) dentro del "Medio Espacio".
4. El centrocampista defensivo (25) retrocede y luego avanza (recorrido en curva) para recibir el descanso del centrocampista ofensivo (21).
5. El centrocampista defensivo (25) pasa al delantero (10).
6. El delantero (10) pasa al segundo delantero (7).
7. El segundo delantero (7) pasa por detrás al lateral derecho (2), que hace una carrera hacia adelante.
8. El lateral derecho (2) lanza un centro raso para que el delantero (10) marque.

Fuente: Entrenamiento de Pep Guardiola en Manchester City durante la gira de pretemporada en EEUU - 29 de julio de 2017

Patrones 1-3-5-2 Pep Guardiola: Cambiar el eje de ataque y pase a desmarque del carrilero

5. Juego combinado con mediocampista defensivo + pase por detrás al carrilero del lado débil

Descripción

1. El central izquierdo (5) pasa al interior hacia el central puro (4).

2. El central (4) pasa al central derecho (30).

3. El central derecho (30) pasa al mediocampista ofensivo (17), quien retrocede y recibe dentro del "Medio Espacio".

4. El mediocampista defensivo (25) se mueve hacia adelante y hacia atrás para recibir el pase de descarga.

5. El centrocampista defensivo (25) pasa al delantero (7), que retrocede para recibir.

6. El delantero (7) devuelve el balón al mediocampista defensivo (25) para completar la combinación 1-2.

7. El mediocampista defensivo (25) pasa al otro mediocampista ofensivo (21), que regatea hacia adelante.

8. El centrocampista ofensivo (21) pasa por detrás para la carrera diagonal del lateral izquierdo (19).

9. El lateral izquierdo (19) envía un centro para que el delantero (10) marque.

Fuente: Entrenamiento de Pep Guardiola en Manchester City durante la gira de pretemporada en EEUU - 29 de julio de 2017

Patrones 1-3-5-2 Pep Guardiola: Cambiar el eje de ataque y pase a desmarque del carrilero

6. Descarga del delantero para cambiar el ataque al mediocampista ofensivo lateral débil + Pase al carrilero

Descripción

1. El central izquierdo (5) pasa al interior hacia el central (4).

2. El central (4) pasa al central derecho (30).

3. El central derecho (30) pasa al lateral derecho (2), que recibe en banda.

4. El lateral (2) pasa al mediocampista ofensivo (17) dentro del "Medio Espacio".

5. El mediocampista defensivo (25) cruza para recibir el pase de descarga.

6. El mediocampista defensivo (25) pasa al segundo delantero (7), que retrocede para recibir.

7. El segundo delantero (7) pasa al otro mediocampista ofensivo (21).

8. El mediocampista ofensivo (21) pasa por detrás para la carrera diagonal del extremo izquierdo (19).

9. El extremo (19) lanza un centro bajo para los compañeros que se acercan.

Fuente: Entrenamiento de Pep Guardiola en Manchester City durante la gira de pretemporada en EEUU - 29 de julio de 2017

Descarga del delantero para el desmarque del mediocentro ofensivo

Directo sesiones de entrenamiento del Manchester City de Pep Guardiola

Ejemplos Pep Guardiola: Patrones del juego posicional de ataque (1-3-5-2)

"Es imposible ser estrecho contra una defensa profunda. Primero ser amplio y luego, correr detrás".

Fuente: Entrevista de Pep Guardiola con Transversales sobre SFR Sport 1, Francia - Febrero de 2018

Patrones 3-5-2 de Pep Guardiola: Descarga del delantero para medio ofensivo que envía pase a desmarque lateral

1. Pase aéreo del mediocampista ofensivo desde el centro hasta el carrilero

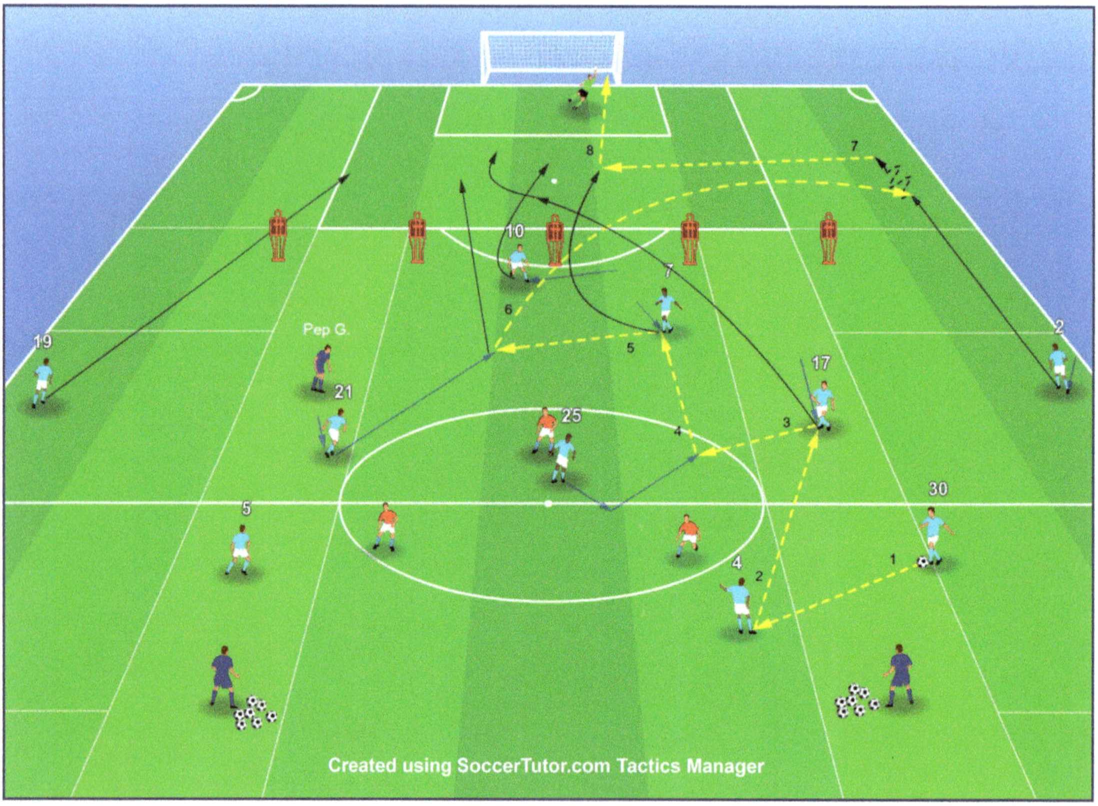

Descripción

1. El central derecho (30) pasa por dentro al central puro (4).

2. El central puro (4) pasa al mediocampista ofensivo (17), quien retrocede y recibe dentro del "Medio Espacio".

3. El mediocampista defensivo (25) retrocede y luego se mueve para recibir el pase de descanso.

4. El centrocampista defensivo (25) pasa al segundo delantero (7), que retrocede para recibir.

5. El segundo delantero (7) pasa para que el otro mediocampista ofensivo (21) corra hacia él.

6. El mediocampista ofensivo (21) realiza un pase aéreo por detrás para la carrera hacia adelante del lateral (2).

7. El lateral (2) realiza un centro bajo para los compañeros que se aproximan.

Fuente: Entrenamiento de Pep Guardiola en Manchester City durante la gira de pretemporada en EEUU - 29 de julio de 2017

Patrones 3-5-2 de Pep Guardiola: Descarga del delantero para medio ofensivo que envía pase a desmarque lateral

2. Medio ofensivo que recibe la descarga del delantero + pase por detrás al lateral

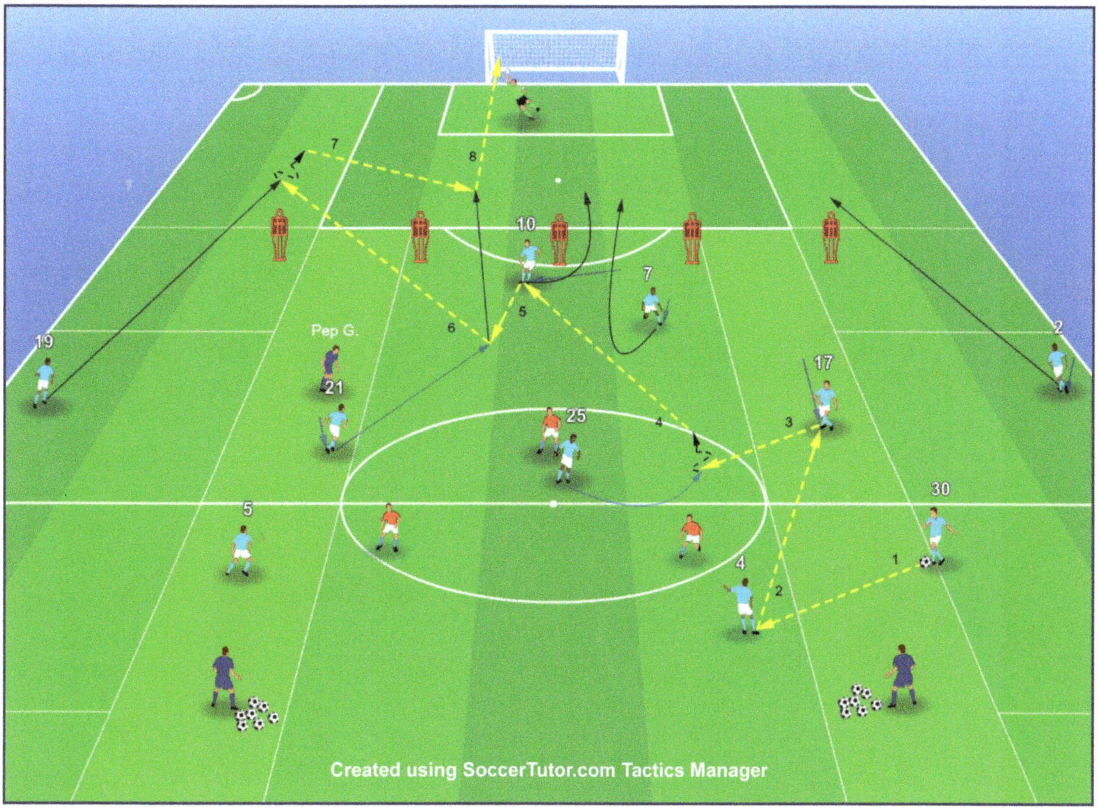

Descripción

1. El central derecho (30) pasa por dentro al central puro (4).

2. El central (4) pasa al mediocampista ofensivo (17), quien retrocede y recibe dentro del "Medio Espacio".

3. El mediocampista defensivo (25) cruza para recibir el pase de descarga.

4. El centrocampista defensivo (25) avanza con el balón y lo pasa al delantero (10), que se desplaza para recibir.

5. El delantero (10) deja el balón hacia atrás para que el otro mediocampista ofensivo (21) lo alcance.

6. El mediocampista ofensivo (21) pasa por detrás para la carrera hacia adelante del lateral (19).

7. El lateral (19) corta el balón para el centrocampista ofensivo (21).

8. El centrocampista ofensivo (21) dispara e intenta marcar.

Fuente: Entrenamiento de Pep Guardiola en Manchester City durante la gira de pretemporada en EEUU - 29 de julio de 2017

Patrones 3-5-2 de Pep Guardiola: Descarga del delantero para medio ofensivo que envia pase a desmarque lateral

3. Medio ofensivo que recibe la descarga del delantero + pase por detrás al lateral (1)

Descripción

1. El central derecho (30) pasa por dentro al central (4).

2. El central (4) pasa al mediocampista ofensivo (17), quien retrocede y recibe dentro del "Medio Espacio".

3. El mediocampista defensivo (25) cruza para recibir el pase de descanso.

4. El centrocampista defensivo (25) pasa al alero profundo (7), que retrocede para recibir.

5. El delantero (7) pasa para que el otro mediocampista ofensivo (21) corra hacia él.

6. El mediocampista ofensivo (21) pasa por detrás para la carrera del lateral (19).

7. El ala trasera (19) corta por dentro y dispara.

Fuente: Entrenamiento de Pep Guardiola en Manchester City durante la gira de pretemporada en EEUU - 29 de julio de 2017

Patrones 3-5-2 de Pep Guardiola: Descarga del delantero para medio ofensivo que envia pase a desmarque lateral

4. Medio ofensivo que recibe la descarga del delantero + pase por detrás al lateral (2)

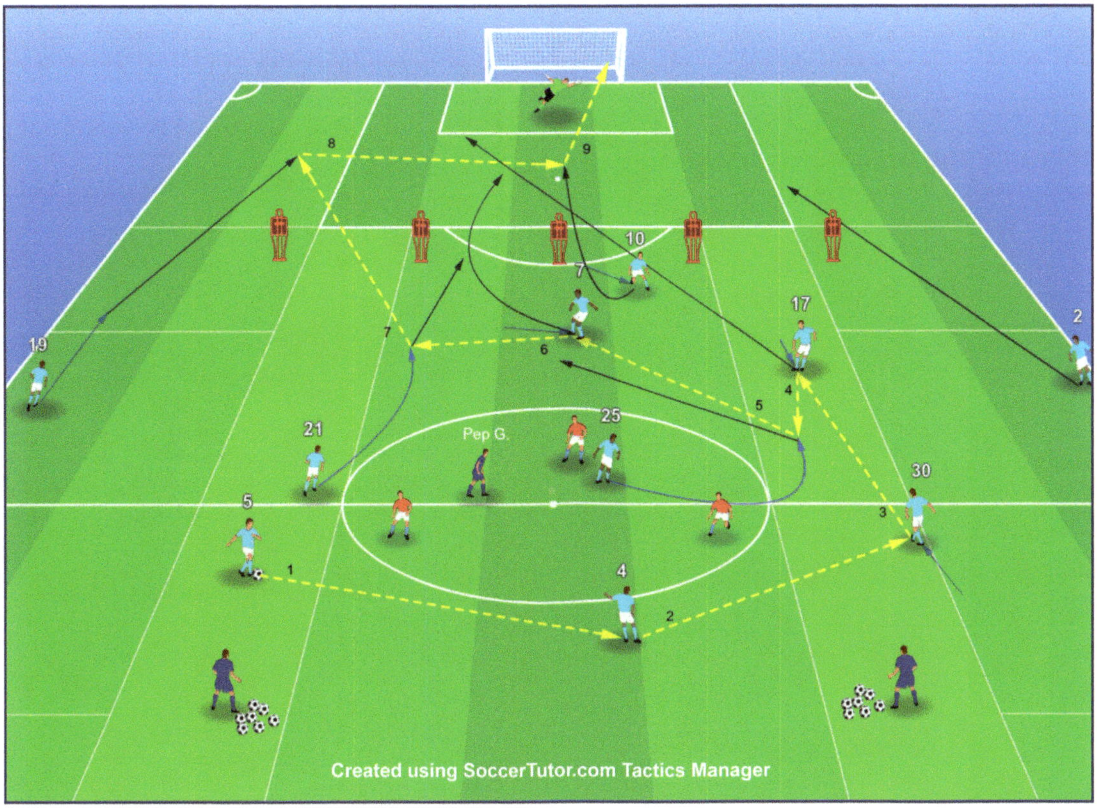

Descripción

1. Central izquierdO (5) pasa al interior hacia Central (4).
2. El central (4) pasa al central derecho (30).
3. El central derecho (30) pasa al mediocampista ofensivo (17), quien retrocede y recibe dentro del "Medio Espacio".
4. El mediocampista defensivo (25) se mueve hacia adelante y hacia atrás (carrera curva) para recibir el pase de descarga.
5. El mediocampista defensivo (25) pasa al alero profundo (7), que se desplaza para recibir.
6. El delantero (7) pasa para que el otro mediocampista ofensivo (21) corra hacia él.
7. El mediocampista atacante (21) recibe el pase del delantero (7) y juega atrás para la carrera diagonal del lateral izquierdo (19).
8. El lateral izquierdo (19) realiza un centro bajo para los compañeros que se aproximan.

Fuente: Entrenamiento de Pep Guardiola en Manchester City durante la gira de pretemporada en EEUU - 29 de julio de 2017

Patrones 3-5-2 de Pep Guardiola: Descarga del delantero para medio ofensivo que envía pase a desmarque lateral

5. Pases superando lineas + tercer hombre de carrilero que se desmarca para recibir detrás

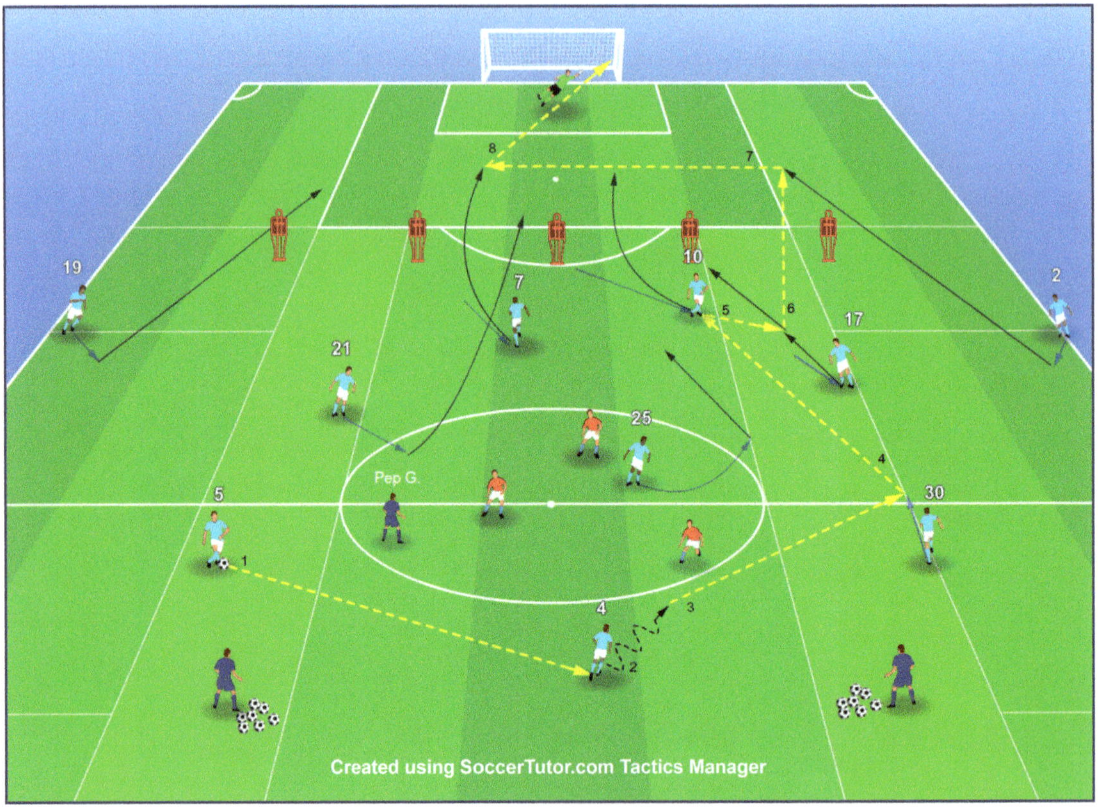

Descripción

1. Central izquierdo (5) pasa a central (4).

2. El central (4) conduce ligeramente hacia la derecha y se cierra.

3. El central (4) pasa al central derecho (30), que avanza.

4. El central derecho (30) pasa al delantero (10), que baja y se desplaza hacia la derecha.

5. El mediocampista ofensivo (17) se mueve para recibir el pase de descarga dentro del "Medio Espacio".

6. El centrocampista ofensivo (17) pasa por detrás al lateral derecho (2), que realiza un avance diagonal.

7. El lateral derecho (2) realiza un centro bajo para los compañeros que se aproximan.

Fuente: Entrenamiento de Pep Guardiola en Manchester City durante la gira de pretemporada en EEUU - 29 de julio de 2017

Patrones 3-5-2 de Pep Guardiola: Descarga del delantero para medio ofensivo que envía pase a desmarque lateral

6. Medio ofensivo que recibe la dejada del delantero+pase al desmarque del segundo delantero

Descripción

1. El central (4) conduce hacia delante con el balón y hay presión de un oponente rojo.
2. El central (4) pasa al central izquierdo (5), que ha avanzado.
3. El central izquierdo (5) pasa al mediocampista ofensivo (21), quien recibe dentro del "Medio Espacio".
4. El centrocampista defensivo (25) avanza (carrera curva) para recibir el pase de descarga.
5. El centrocampista defensivo (25) pasa al delantero (10), que se desplaza hacia el lado izquierdo.
6. El delantero (10) deja la pelota para que el mediocampista atacante (21) corra y la reciba dentro del "Medio Espacio".
7. El mediocampista ofensivo (21) juega un pase entre los muñecos para que el segundo delantero (7) reciba por detrás y marque.

Fuente: Entrenamiento de Pep Guardiola en Manchester City durante la gira de pretemporada en EEUU - 29 de julio de 2017

Ejemplos Pep Guardiola: Patrones del juego posicional de ataque (1-3-5-2)

PEP GUARDIOLA DETIENE LA SESIÓN DE ENTRENAMIENTO EN ESTE PUNTO Y REALIZA LOS SIGUIENTES CAMBIOS:

- El medio ofensivo izquierdo (21) vuelve a caer junto al medio defensivo (25)
- El medio defensivo (25) se desplaza ligeramente hacia la derecha
- En muchos de los patrones a seguir, el segundo punta (7) retrocede y se mueve al "medio espacio" para recibir
- 1 oponente rojo es eliminado

El medio atacante retrocede y el delantero se mueve al "medio espacio" para asociar el juego

Directo sesiones de entrenamiento del Manchester City de Pep Guardiola

Pep Guardiola es 1-3-5-2 Patrones: Att. Medios y el delantero se mueve en "La mitad del espacio"

1. El delantero recibe descarga en "medio espacio" y pasa al interior para que el medio ofensivo regatee y filtre pase

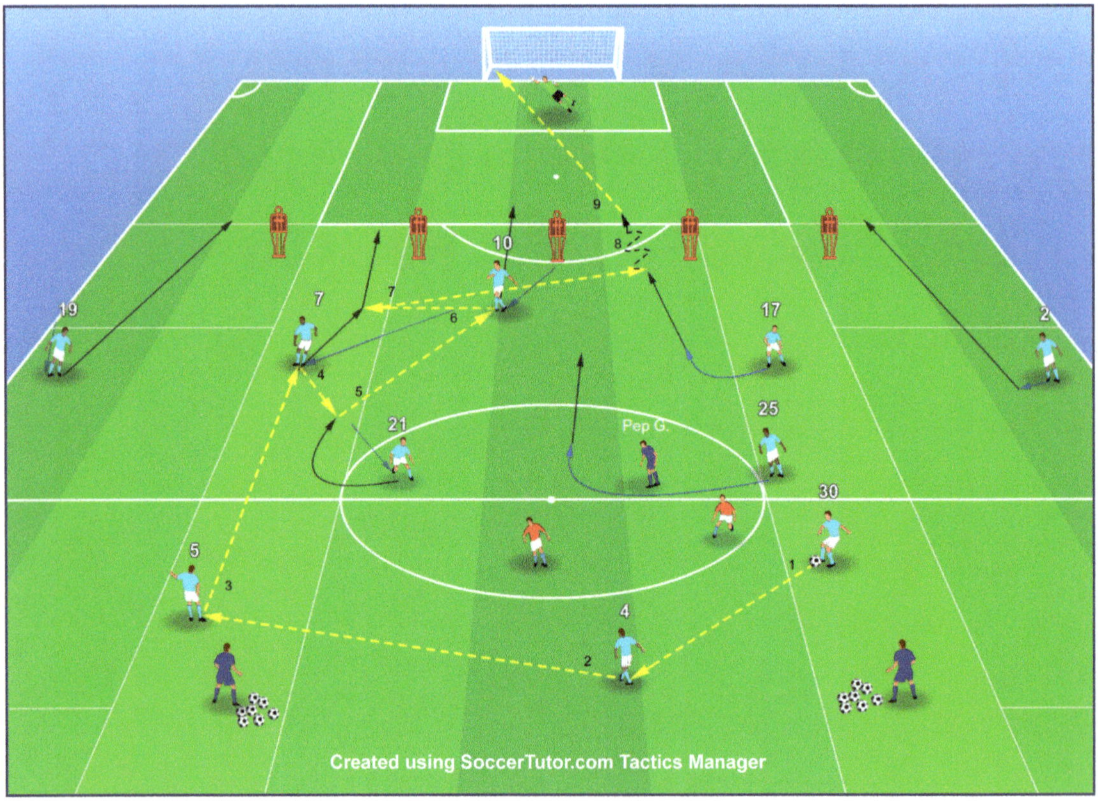

Descripción

1. El central derecho (30) pasa de nuevo al central (4).

2. El central (4) pasa al central izquierdo (5).

3. El mediocampista ofensivo (21) retrocede. El lateral izquierdo central (5) pasa al delantero (7), que se ha desplazado para recibir dentro del "Medio Espacio".

4. El mediocampista ofensivo (21) ahora avanza para recibir el apoyo del delantero (7).

5. El mediocampista ofensivo (21) pasa al delantero adelantado (10), que retrocede.

6. El delantero (10) pasa para que el segundo delantero (7) corra hacia él.

7. El delantero (10) pasa para que el mediocampista ofensivo del otro lado (17) corra hacia él.

8. El mediocampista ofensivo (17) regatea entre los muñecos, al área de penalti y dispara a portería.

Fuente: Entrenamiento de Pep Guardiola en Manchester City durante la gira de pretemporada en EEUU - 29 de julio de 2017

Pep Guardiola es 1-3-5-2 Patrones: Att. Medios y el delantero se mueve en "La mitad del espacio"

2. Doble descarga para pase del mediocampista defensivo por detrás al lateral

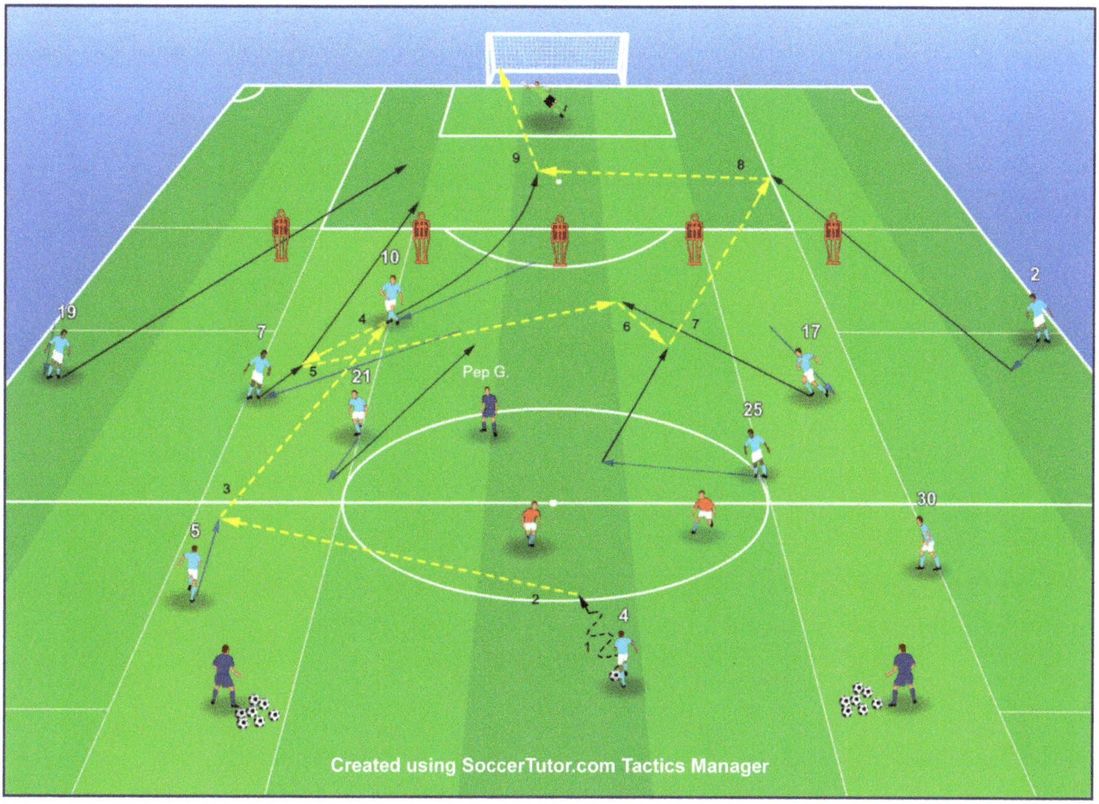

Descripción

1. El central (4) conduce hacia adelante con el balón y hay presión de un oponente rojo.
2. El central (4) pasa al central izquierdo (5), que ha avanzado.
3. El central izquierdo (5) pasa al delantero (10), que se desplaza para recibir.
4. El segundo delantero (7) se había desplazado previamente hacia el lado izquierdo y ahora hace un movimiento hacia adelante para recibir la descarga
5. El segundo delantero (7) pasa al mediocampista ofensivo (17), que se desplaza hacia el centro para recibir.
6. El centrocampista defensivo (25) avanza para recibir la descarga.
7. El mediocampista defensivo (25) pasa por detrás para la carrera del lateral derecho (2).
8. Tanto los delanteros (7 y 10) como el lateral izquierdo (19) realizan carreras hacia el área de penalti. El lateral derecho (2) lanza un centro raso para que el delantero (10) marque.

Fuente: Entrenamiento de Pep Guardiola en Manchester City durante la gira de pretemporada en EEUU - 29 de julio de 2017

Pep Guardiola es 1-3-5-2 Patrones: Att. Medios y el delantero se mueve en "La mitad del espacio"

3. El uno-dos del extremo con el delantero en el "medio espacio" para recibir detrás

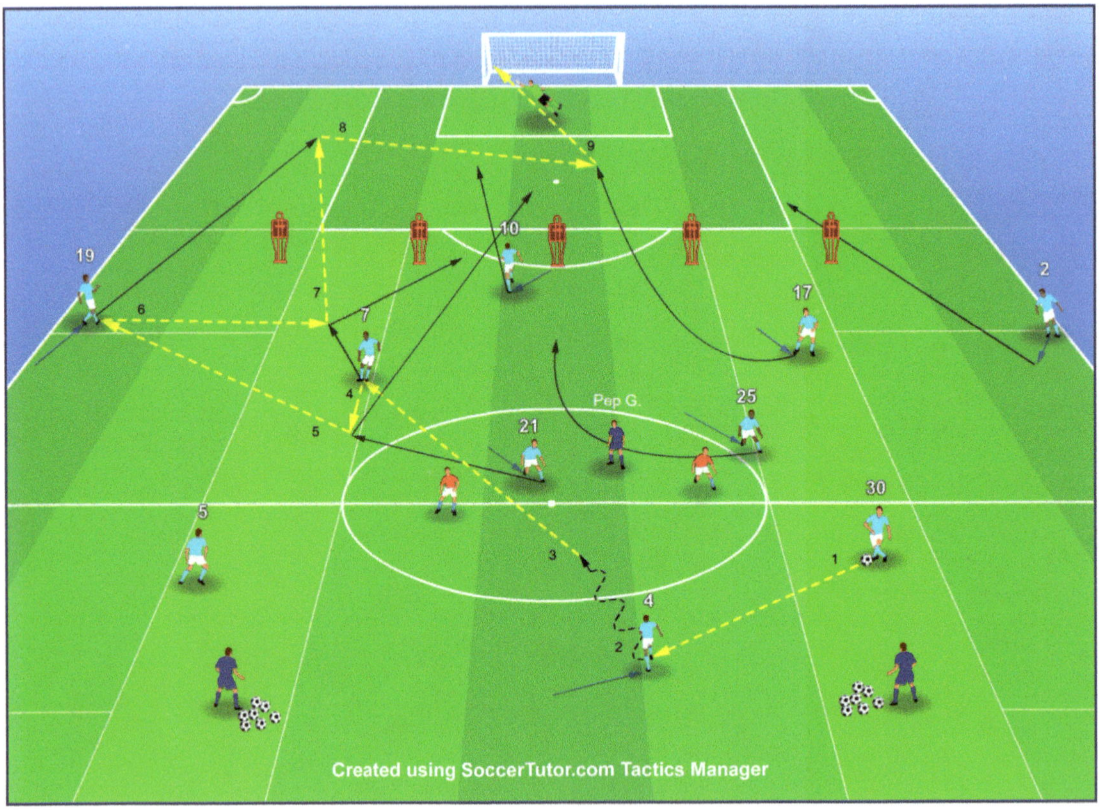

* El medio ofensivo (21) está en posición central y el delantero (7) está en posición ancha.

Descripción

1. El central derecho (30) pasa por dentro al central (4).
2. El central (4) conduce hacia adelante con el balón.
3. El central (4) pasa al delantero (7) dentro del "Medio Espacio".
4. El mediocampista ofensivo (21) cruza para recibir la descarga
5. El centrocampista ofensivo (21) pasa al lateral izquierdo (19).
6. El lateral izquierdo (19) pasa al interior hacia el delantero (7) dentro del "Medio Espacio".
7. El delantero (7) juega el balón por detrás para que el lateral (19) corra y complete la combinación 1-2.
8. El lateral (19) realiza un centro bajo para los compañeros que se aproximan.

Fuente: Entrenamiento de Pep Guardiola en Manchester City durante la gira de pretemporada en EEUU - 29 de julio de 2017

Pep Guardiola es 1-3-5-2 Patrones: Att. Medios y el delantero se mueve en "La mitad del espacio"

4. Extremo retrocede y hace una carrera hacia adelante para recibir y tras conducción pase hacia atrás para finalizar

Descripción

1. El central izquierdo (5) pasa al interior hacia el central (4).

2. El central (4) conduce hacia adelante con el balón y hay presión de un oponente.

3. El central (4) pasa al mediocampista ofensivo (17), que retrocede.

4. El mediocampista ofensivo (17) gira y pasa al delantero (7), que se ha desplazado para recibir dentro del "Medio Espacio".

5. El delantero (7) se gira y descarga al lateral izquierdo (19).

6. El lateral izquierdo (19) recibe y conduce el balón hacia delante.

7. El lateral izquierdo (19) envia el balón para que el delantero (7) marque.

Fuente: Entrenamiento de Pep Guardiola en Manchester City durante la gira de pretemporada en EEUU - 29 de julio de 2017

Pep Guardiola es 1-3-5-2 Patrones: Att. Medios y el delantero se mueve en "La mitad del espacio"

5. El medio atacante retrocede y el delantero se desplaza para combinar dentro del "medio espacio" y cambiar el juego

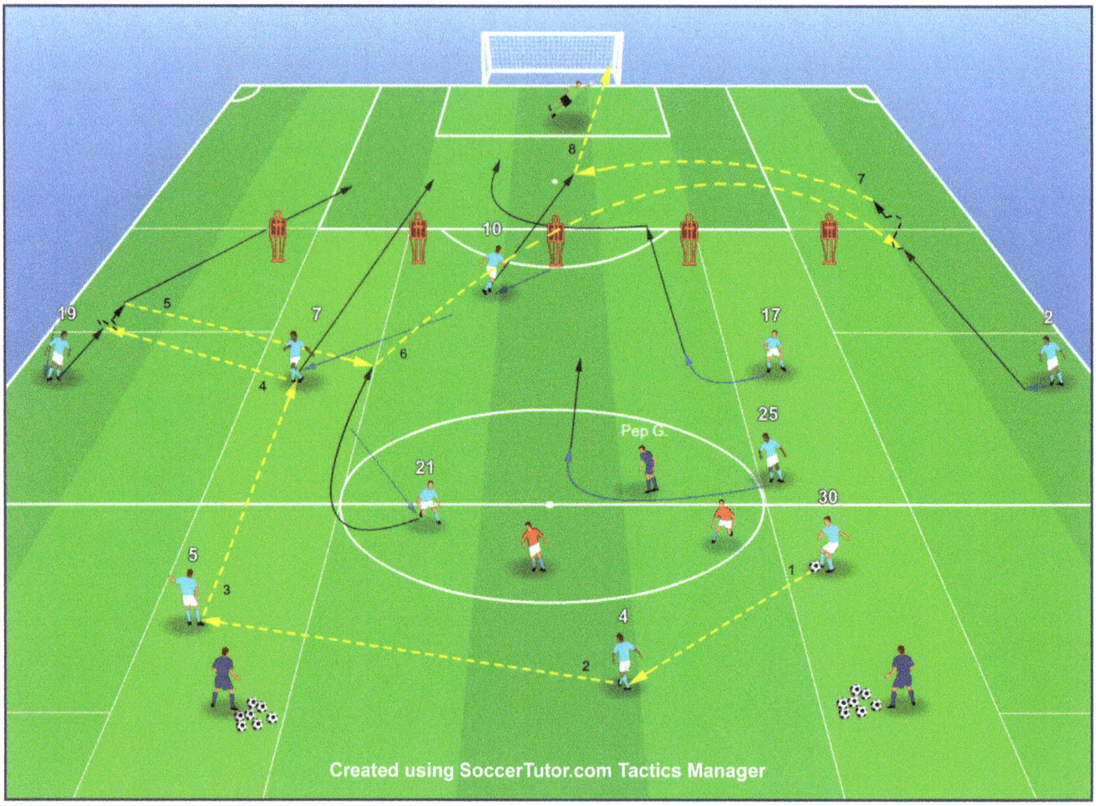

Descripción

1. El central derecho (30) pasa de nuevo al central (4).
2. El central (4) pasa al central izquierdo (5).
3. El centrocampista ofensivo (21) retrocede. El central izquierdo (5) pasa al delantero (7), que se ha desplazado para recibir dentro del "Medio Espacio".
4. El delantero (7) descarga hacia el lateral izquierdo (19).
5. El mediocampista ofensivo (21) ahora se mueve hacia adelante para recibir el pase interior del lateral (19).
6. El centrocampista ofensivo (21) realiza un pase aéreo largo para la carrera hacia adelante del lateral derecho (2).
7. El lateral derecho (2) recibe, regatea hacia delante y cruza para los compañeros que se aproximan..

Fuente: Entrenamiento de Pep Guardiola en Manchester City durante la gira de pretemporada en EEUU - 29 de julio de 2017

Pep Guardiola es 1-3-5-2 Patrones: Att. Medios y el delantero se mueve en "La mitad del espacio"

6. Cambiar el juego de un carrilero a otro con el pase aéreo del mediocampista ofensivo

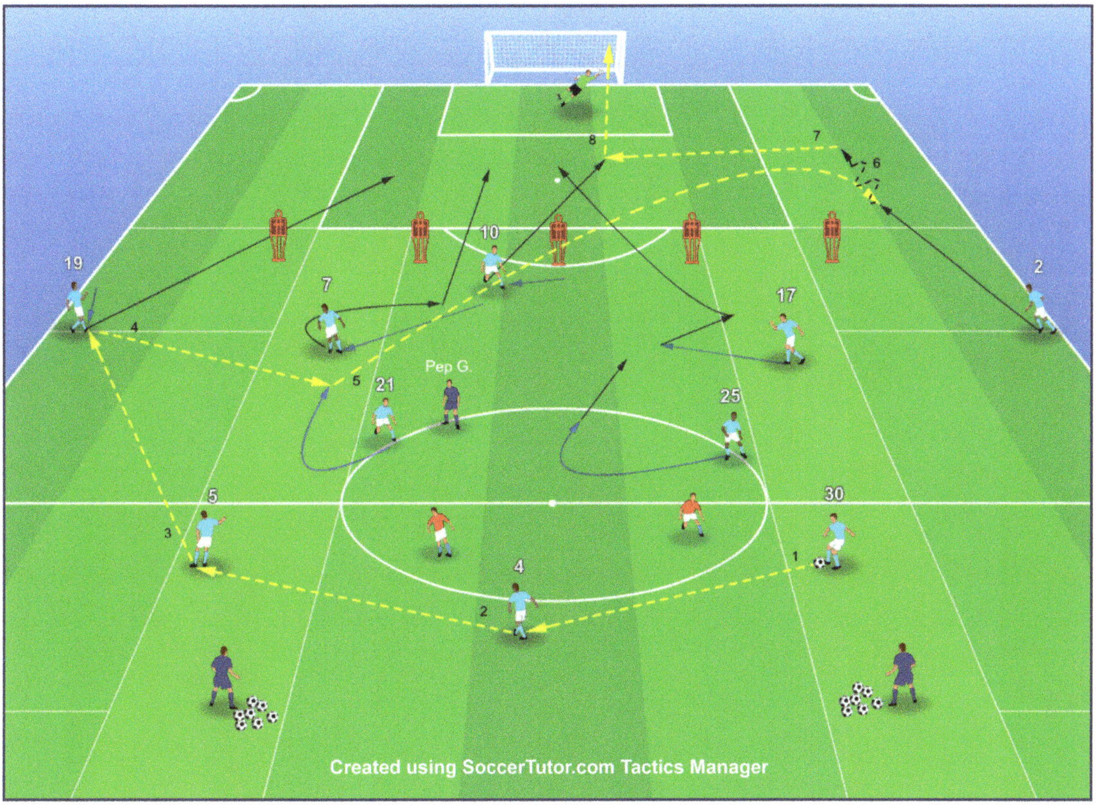

Descripción

1. El central derecho (30) pasa por dentro al central (4).
2. El central (4) pasa al central izquierdo (5).
3. El central izquierdo (5) pasa al lateral izquierdo (19), que recibe fuera de banda.
4. El lateral izquierdo (19) pasa al interior del centrocampista ofensivo (21), que avanza desde su posición profunda para recibir dentro del "Medio Espacio".
5. El mediocampista ofensivo (21) realiza un pase aéreo largo por detrás al lateral derecho avanzado (2).
6. El lateral derecho (2) recibe detrás de la línea defensiva, regatea hacia adelante y cruza para los compañeros que se aproximan.

Fuente: Entrenamiento de Pep Guardiola en Manchester City durante la gira de pretemporada en EEUU - 29 de julio de 2017

Pep Guardiola es 1-3-5-2 Patrones: Att. Medios y el delantero se mueve en "La mitad del espacio"

7. Se desplaza a través del "medio espacio" para recibir el pase del medio ofensivo al lateral que llega desde atras

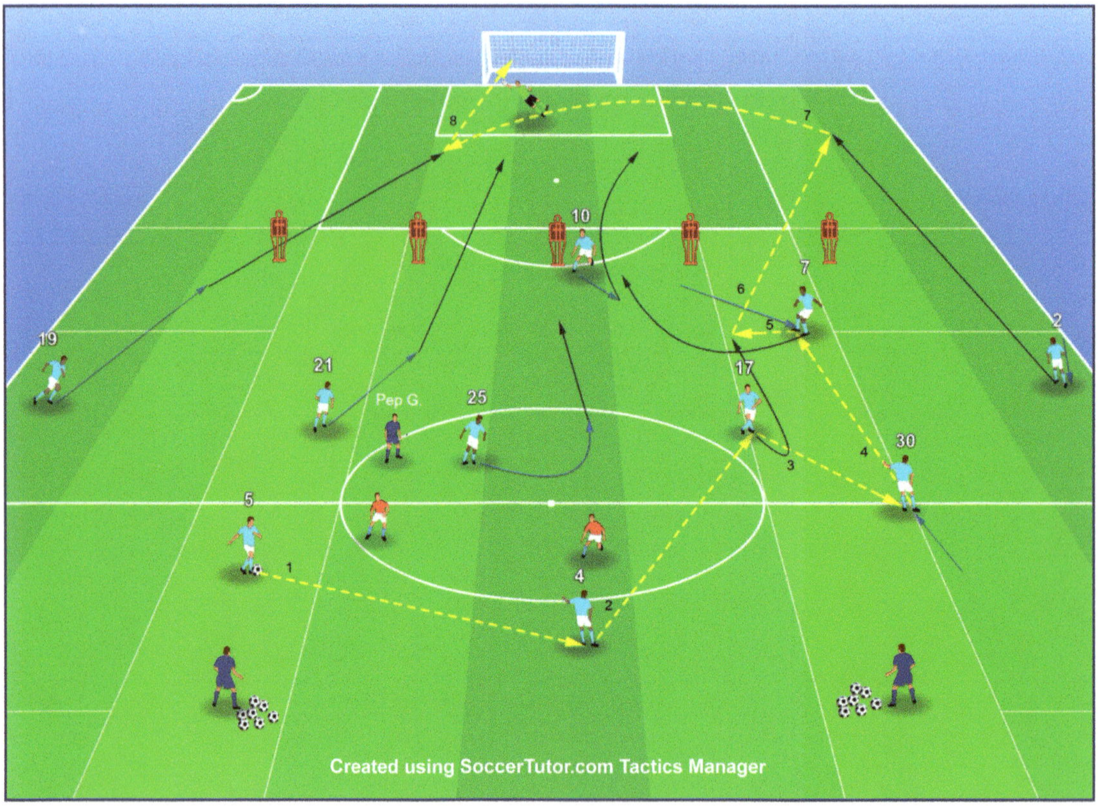

Descripción

1. El central izquierdo (5) pasa al interior hacia el central (4).

2. El central (4) pasa al mediocampista ofensivo (17) en el "Medio Espacio".

3. El centrocampista ofensivo (17) deja el balón al lateral derecho (5), que avanza.

4. El central derecho (5) pasa al segundo delantero (7), que se ha desplazado para recibir dentro del "Medio Espacio".

5. El centrocampista ofensivo (17) avanza para recibir el pase de descanso.

6. El mediocampista ofensivo (17) pasa por detrás para el avance del lateral derecho (2).

7. Ambos delanteros (7 y 10), el centrocampista ofensivo (21) y el lateral izquierdo (19) realizan sprints hacia el área de penalti. El lateral derecho (2) centra para sus compañeros que se aproximan.

Fuente: Entrenamiento de Pep Guardiola en Manchester City durante la gira de pretemporada en EEUU - 29 de julio de 2017

Pep Guardiola es 1-3-5-2 Patrones: Att. Medios y el delantero se mueve en "La mitad del espacio"

8. Descarga del delantero para que el segundo delantero juegue un pase aéreo diagonal detrás del carrilero

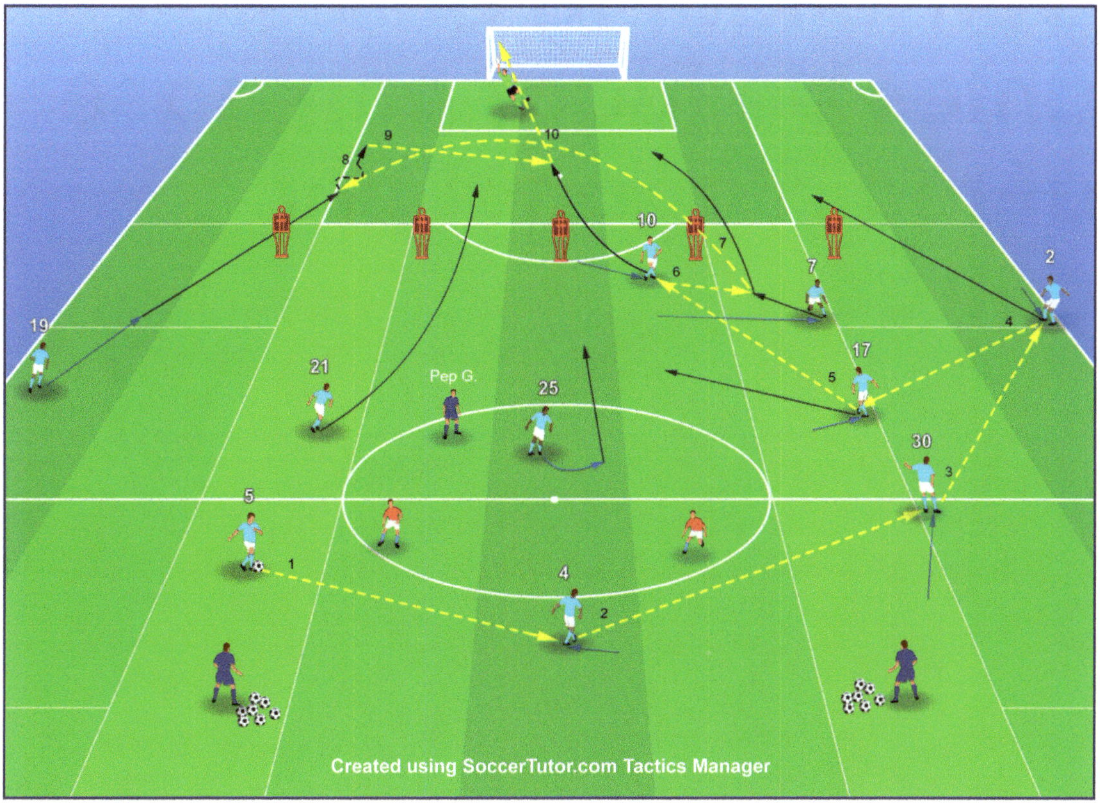

Descripción

1. El central izquierdo (5) pasa el central puro (4).
2. El central (4) pasa al central derecho (30), que avanza.
3. El defensa central derecho (30) pasa al lateral derecho avanzado (2).
4. El lateral derecho (2) pasa por dentro al mediocampista ofensivo (17), que recibe dentro del "Medio Espacio". El delantero (7) se desplaza.
5. El centrocampista ofensivo (17) pasa al delantero (10).
6. El delantero (10) devuelve la pelota al segundo delantero (7) dentro del "Medio Espacio".
7. El segundo delantero (7) realiza un pase aéreo en diagonal al lateral izquierdo (19) del lado débil.
8. El lateral izquierdo (19) recibe y avanza con el balón.
9. El lateral izquierdo (19) corta el balón hacia atrás para que el delantero (10) marque.

Fuente: Entrenamiento de Pep Guardiola en Manchester City durante la gira de pretemporada en EEUU - 29 de julio de 2017

Consolidar la posesión antes de jugar con pase aéreo diagonal por detrás

Directo sesiones de entrenamiento del Manchester City de Pep Guardiola

Patrones 1-3-5-2 de Pep Guardiola: Asegurar posesión + Pase aéreo diagonal a espalda

1. Juego combinado rápido en el centro y pase aéreo en diagonal buscando el desmarque del delantero

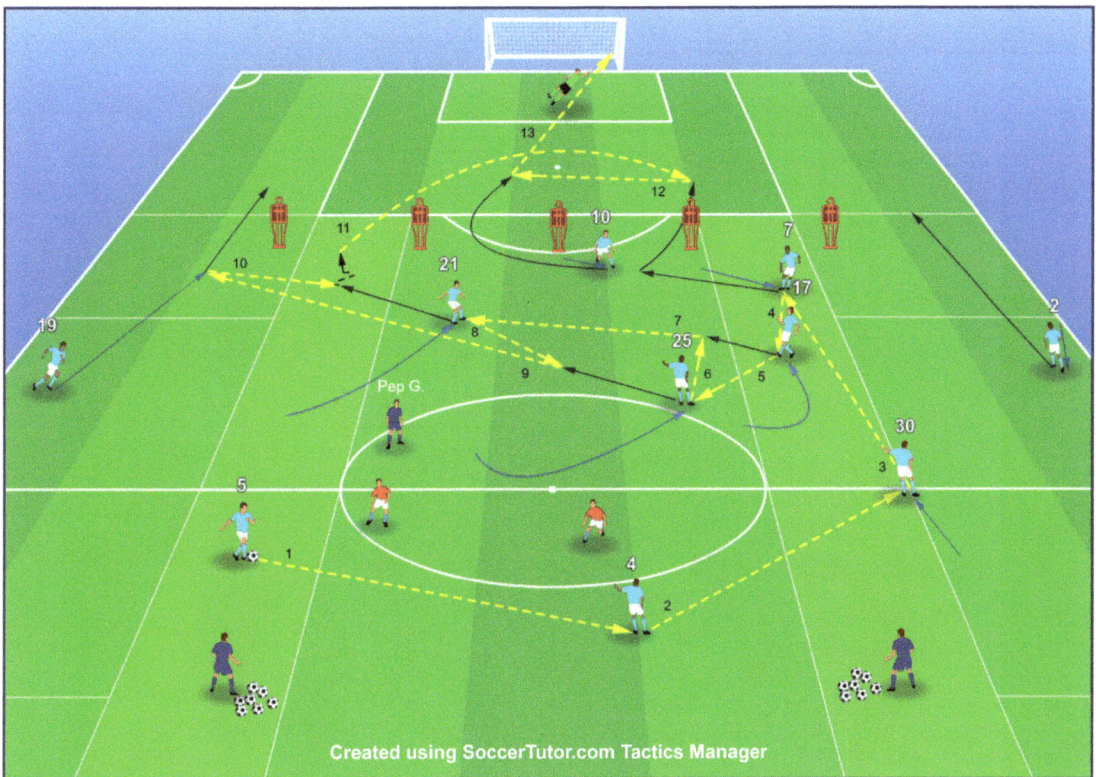

Descripción

1. El central zurdo (5) pasa al interior hacia el central (4).

2. El central (4) pasa al central derecho (30).

3. El defensa central derecho (30) pasa al delantero (7), que se desplaza para recibir dentro del "medio espacio".

4. El centrocampista ofensivo (17) avanza para recibir el pase.

5 y 6. El mediocampista ofensivo (17) juega un 1-2 con el mediocampista defensivo (25).

7. El mediocampista ofensivo (17) pasa al interior al otro mediocampista ofensivo (21), que se ha movido hacia adentro y hacia adelante para recibir.

8. El mediocampista ofensivo (17) devuelve el balón al mediocampista defensivo (25).

9. El mediocampista defensivo (25) pasa al lateral izquierdo hacia atrás (19) fuera de banda.

10. El lateral izquierdo (19) pasa al interior del centrocampista ofensivo (21).

11 y 12. El mediocampista ofensivo (21) recibe y ejecuta un pase aéreo por detrás al delantero (7), que corta el balón para el número 10.

Fuente: Entrenamiento de Pep Guardiola en Manchester City durante la gira de pretemporada en EEUU - 29 de julio de 2017

Patrones 1-3-5-2 de Pep Guardiola: Asegurar posesión + Pase aéreo diagonal a espalda

2. Juego combinado con varias descargas + pase aéreo diagonal buscando el desmarque del delantero

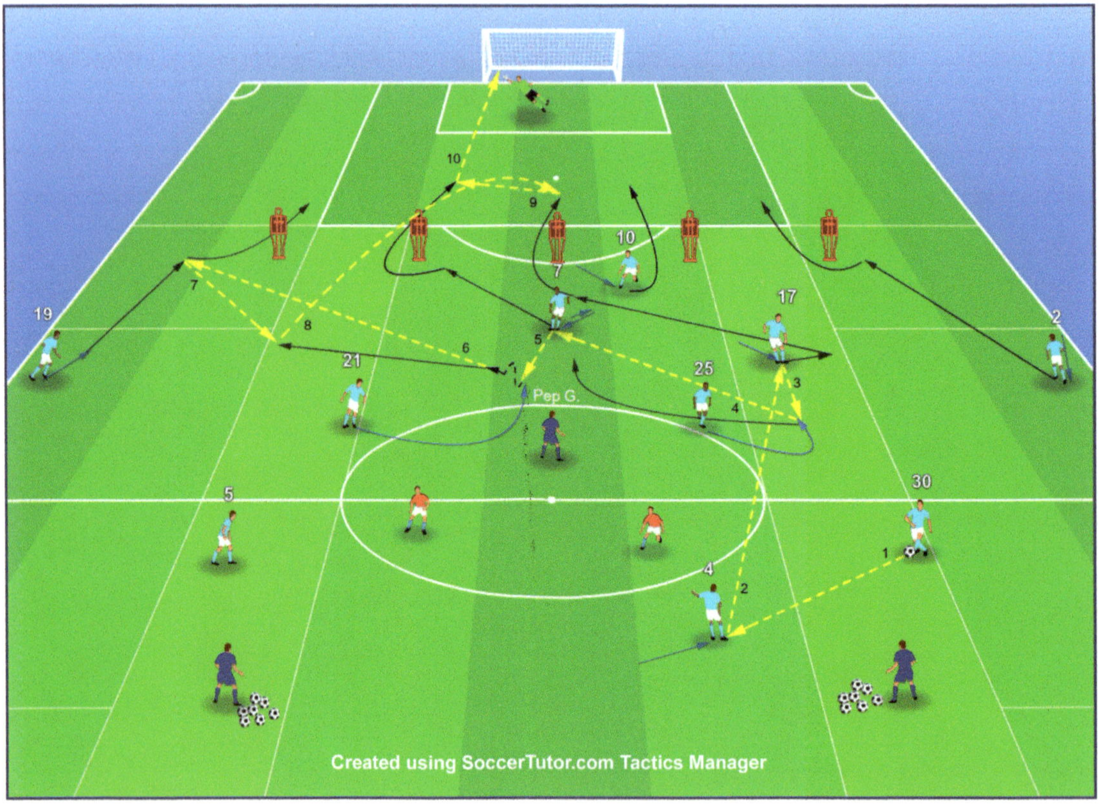

Descripción

1. El central derecho (30) pasa de nuevo al central (4).
2. El central (4) pasa al mediocampista ofensivo (17) dentro del "Medio Espacio".
3. El mediocampista defensivo (25) se mueve para recibir la descarga del mediocampista ofensivo (17).
4. El centrocampista defensivo (25) pasa al delantero (7).
5. El delantero (7) pasa hacia atrás para que el otro mediocampista ofensivo (21) lo alcance.
6. El centrocampista ofensivo (21) realiza un pase desviado hacia el lateral izquierdo (19).
7. El lateral izquierdo (19) pasa de nuevo al mediocampista ofensivo (21), que se desplaza para recibir dentro del "Medio Espacio".
8. El centrocampista ofensivo (21) realiza un pase aéreo por detrás al delantero (10).
9. El delantero (10) pasa el balón para que el segundo delantero (7) marque.

Fuente: Entrenamiento de Pep Guardiola en Manchester City durante la gira de pretemporada en EEUU - 29 de julio de 2017

Patrones 1-3-5-2 de Pep Guardiola: Asegurar posesión + Pase aéreo diagonal a espalda

3. Juego combinado rápido en el centro con descargas + pase aéreo diagonal al carrilero y dejada al delantero (1)

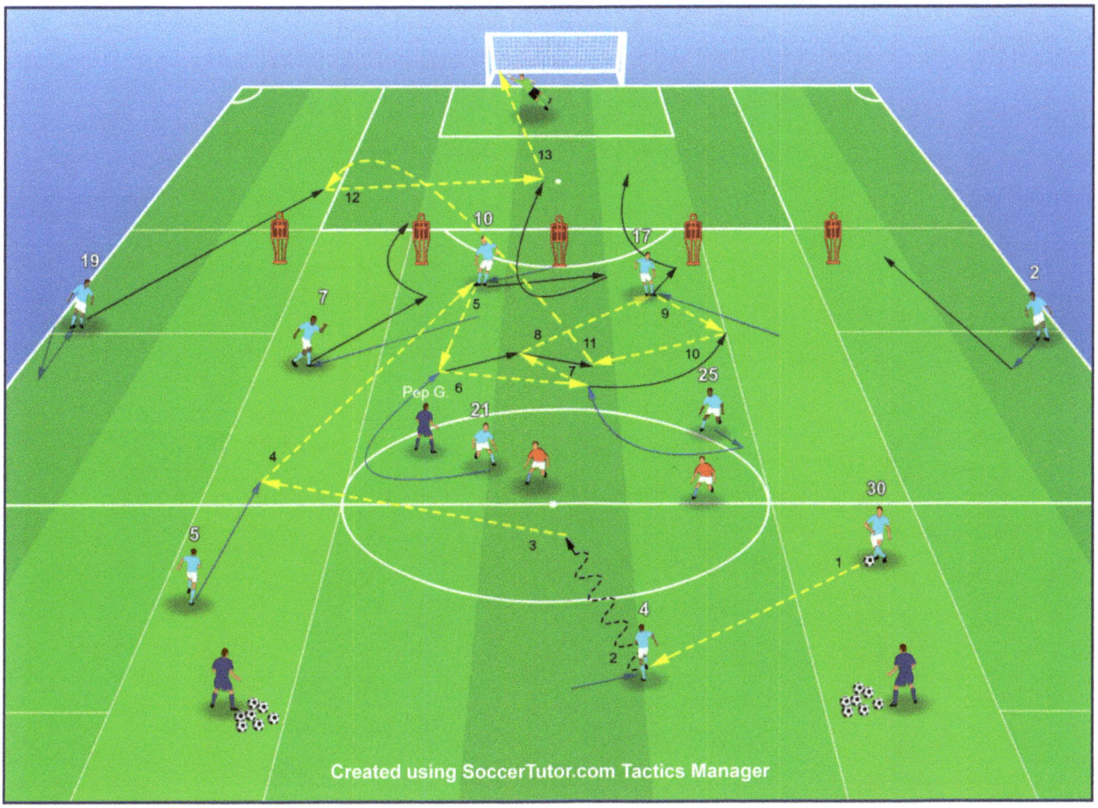

Descripción

1. El central derecho (30) pasa por dentro al central (4).
2. El central (4) regatea hacia adelante con el balón.
3. La zaga central (4) pasa al central zurdo (5), que avanza.
4. El central izquierdo (5) pasa al delantero (10).
5. El mediocampista ofensivo (21) avanza (carrera curva) para recibir la espalda del número 10.
6 y 7. El mediocampista ofensivo (21) juega un 1-2 con el mediocampista defensivo (25).
8. El mediocampista ofensivo (21) pasa al otro mediocampista ofensivo (17), que se ha movido a una posición avanzada.
9. El mediocampista defensivo (25) se mueve para recibir a la espalda del número 17.
10. El mediocampista defensivo (25) pasa hacia adentro al mediocampista ofensivo (21).
11. El mediocampista ofensivo (21) realiza un pase aéreo por detrás al lateral (19).

Fuente: Entrenamiento de Pep Guardiola en Manchester City durante la gira de pretemporada en EEUU - 29 de julio de 2017

Patrones 1-3-5-2 de Pep Guardiola: Asegurar posesión + Pase aéreo diagonal a espalda

4. Cambiar el juego de un carrilero a otro y viceversa con una descarga + Pase aéreo diagonal

Descripción

1. El central zurdo (5) pasa al interior hacia el central (4).
2. El central (4) conduce hacia adelante.
3. El central (4) pasa a central izquierdo (5).
4. El central izquierdo (5) pasa abierto a lateral izquierdo (19).
5. El lateral izquierdo (19) pasa al interior del mediocampista ofensivo (21) en el "Medio Espacio".
6. El mediocampista ofensivo (21) pasa al delantero (7), que pasa al "Medio Espacio".
7. El delantero (7) pasa al mediocampista defensivo (25) en el centro.
8. El mediocampista defensivo (25) pasa al central derecho (30), que avanza.
9. El central derecho (30) pasa al lateral derecho (2), que se ha adelantado.
10. El lateral derecho (2) pasa de nuevo al mediocampista ofensivo (17), que cambia de posición.
11. El centrocampista ofensivo (17) realiza un pase aéreo por detrás al lateral izquierdo (19).

Fuente: Entrenamiento de Pep Guardiola en Manchester City durante la gira de pretemporada en EEUU - 29 de julio de 2017

Patrones 1-3-5-2 de Pep Guardiola: Asegurar posesión + Pase aéreo diagonal a espalda

5. Juego combinado rápido en el centro con descargas + pase aéreo diagonal al carrilero y dejada al delantero (2)

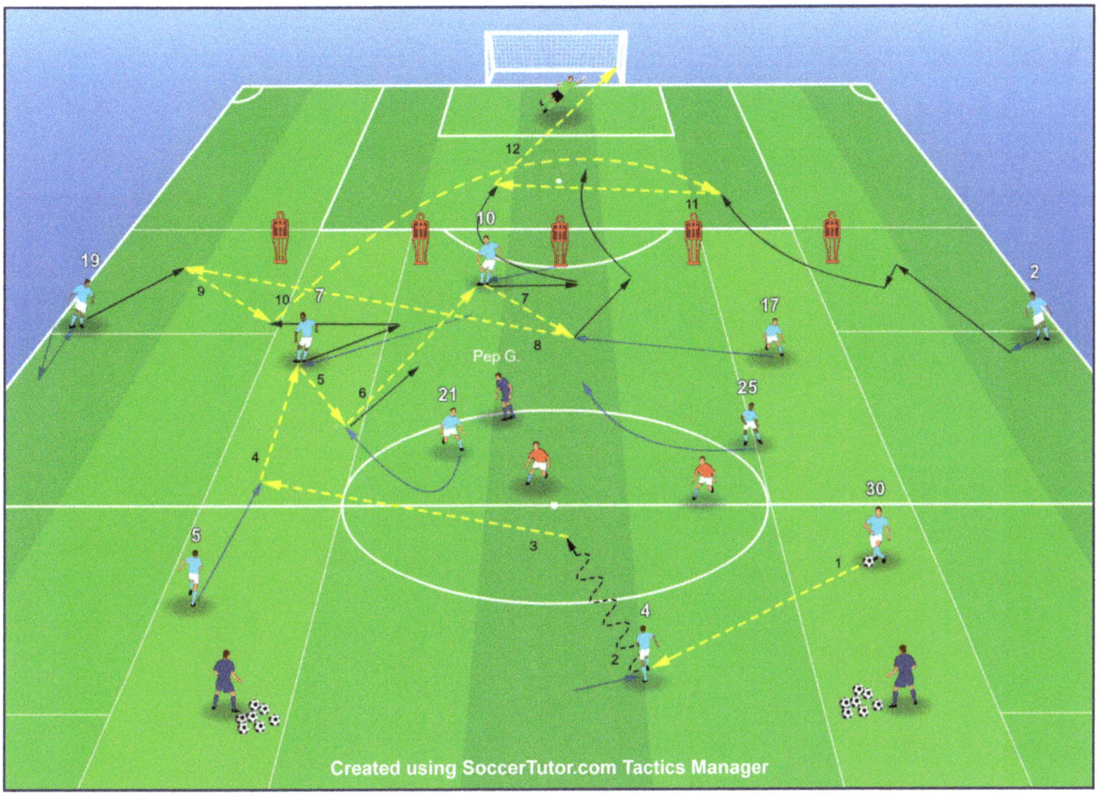

Descripción

1. El central derecho (30) pasa de nuevo al central puro (4).
2. El central puro (4) regatea hacia adelante.
3. El central puro ahora (4) pasa al centro de la izquierda (5) dentro del "Medio Espacio".
4. El central izquierdo (5) pasa al delantero (7), que se ha desplazado para recibir dentro del "Medio Espacio".
5. El centrocampista ofensivo (21) avanza (carrera curva) para recibir el saque.
6. El centrocampista ofensivo (21) pasa al delantero (10).
7. El mediocampista ofensivo (17) en el lado derecho se mueve para recibir el descanso.
8. El centrocampista ofensivo (17) realiza un pase desviado hacia el lateral izquierdo (19).
9. El delantero (7) cruza para recibir el pase de descarga.
10. El delantero (7) realiza un pase aéreo por detrás de la defensa al lateral (2) del otro lado, que recibe el balón para dejársela al número 10.

Fuente: Entrenamiento de Pep Guardiola en Manchester City durante la gira de pretemporada en EEUU - 29 de julio de 2017

Patrones 1-3-5-2 de Pep Guardiola: Asegurar posesión + Pase aéreo diagonal a espalda

6. Juego combinado rápido dentro del "medio espacio" + pase aéreo diagonal al carrilero opuesto.

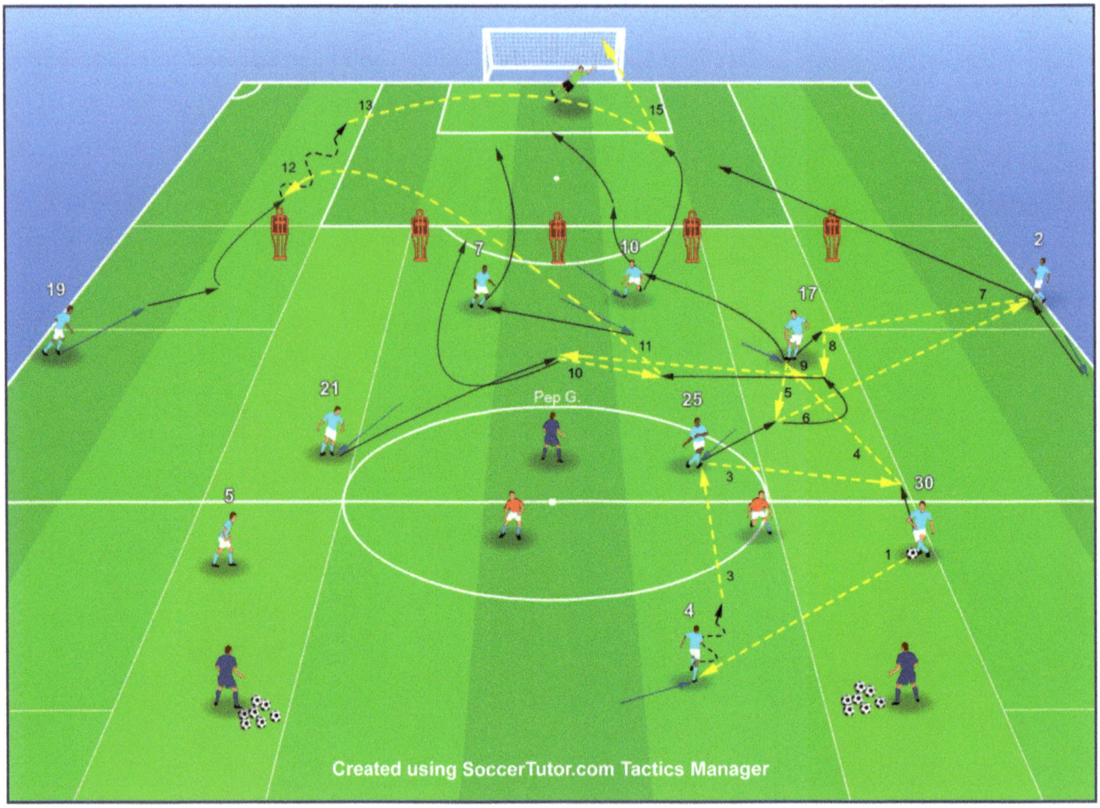

Descripción

1. El central derecho (5) pasa de nuevo al central (4).

2. El central (4) avanza y pasa al mediocampista defensivo (25).

3. El mediocampista defensivo (25) pasa al central derecho (30).

4. El central derecho (30) pasa al mediocampista ofensivo (17).

5. El mediocampista defensivo (25) se mueve para recibir el pase.

6. El mediocampista defensivo (25) realiza un pase amplio hacia el lateral derecho (2).

7. El lateral derecho (2) pasa al mediocampista ofensivo (17) en el "Medio Espacio".

8. El mediocampista defensivo (25) se mueve para recibir el pase de descanso.

9 y 10. El centrocampista defensivo (25) juega un 1-2 con el centrocampista ofensivo (21) en el otro lado, que se mueve hacia el centro.

11. El mediocampista defensivo (25) realiza un pase aéreo por detrás al lateral izquierdo (19).

Fuente: Entrenamiento de Pep Guardiola en Manchester City durante la gira de pretemporada en EEUU - 29 de julio de 2017

Juego combinado con el carrilero para atraer rival y luego alejar

Directo sesiones de entrenamiento del Manchester City de Pep Guardiola

Patrones 1-3-5-2 de Pep Guardiola: juego combinado con juego de cara y desmarques ruptura

1. Combinación doble de cara para que el carrilero reciba a la espalda (1)

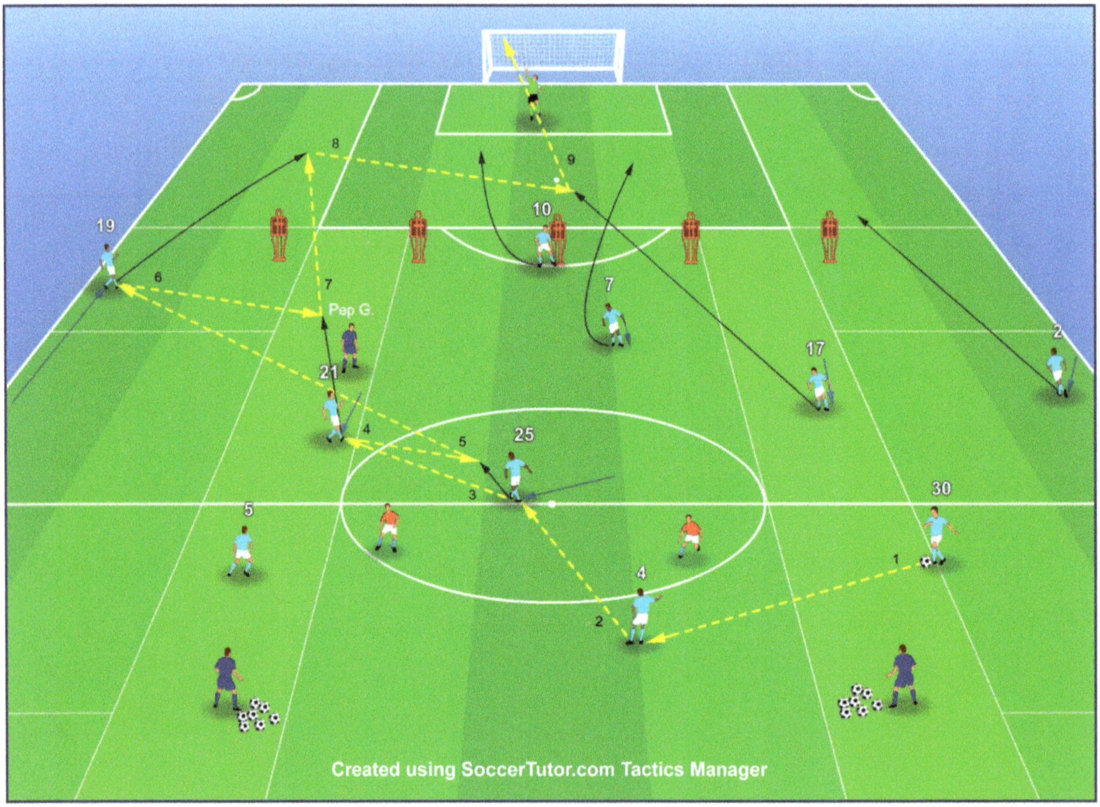

Descripción

1. El central derecho (30) pasa por dentro al central (4).
2. El central (4) pasa al mediocampista defensivo (25) en el centro.
3. El mediocampista defensivo (25) pasa al mediocampista ofensivo en el "Medio Espacio".
4. El centrocampista ofensivo (21) vuelve a jugar el balón para completar la combinación 1-2.
5. El centrocampista defensivo (25) pasa al lateral izquierdo (19), que recibe en alto.
6. El lateral izquierdo (19) pasa al interior para el avance del centrocampista ofensivo (21).
7. El mediocampista ofensivo (21) juega el balón por detrás para que el lateral (19) corra y complete la segunda combinación 1-2.
8. El lateral (19) realiza un centro bajo para los compañeros que se aproximan.

Fuente: Entrenamiento de Pep Guardiola con Manchester City durante la gira en Nashville, EE. UU. - 29 de julio de 2017

Patrones 1-3-5-2 de Pep Guardiola: juego combinado con juego de cara y desmarques ruptura

2. Combinación doble de cara para que el carrilero reciba a la espalda (2)

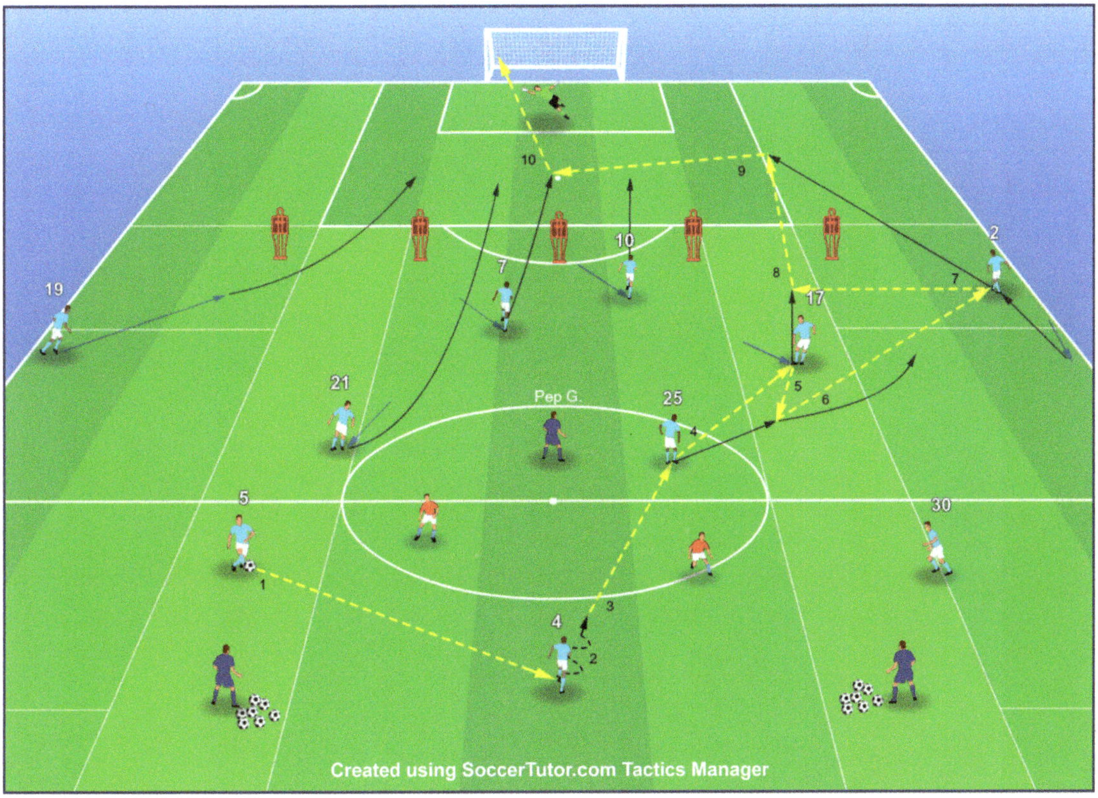

[Diagrama táctico del campo de fútbol]

Descripción

1. El central izquierdo (5) pasa de nuevo al central (4).
2. El central (4) conduce hacia adelante.
3. El central (4) pasa al mediocampista defensivo (25).
4. El mediocampista defensivo (25) pasa al mediocampista ofensivo (17) en el "Medio Espacio".
5. El mediocampista defensivo (25) recibe el pase de descanso del mediocampista ofensivo (17) en el "Medio Espacio" para completar la combinación 1-2.
6. El mediocampista defensivo (25) pasa de par en par al lateral derecho (2), quien inicialmente pasa hacia atrás y luego avanza para recibir.
7. El lateral derecho (2) pasa al interior del mediocampista ofensivo (17) en el "Medio Espacio".
8. El mediocampista ofensivo (17) pasa por detrás para que el lateral derecho (2) corra y completa la combinación 1-2.
9. El lateral derecho (2) realiza un centro bajo para los compañeros que se aproximan.

Fuente: Entrenamiento de Pep Guardiola con Manchester City durante la gira en Nashville, EE. UU. - 29 de julio de 2017

Patrones 1-3-5-2 de Pep Guardiola: juego combinado con juego de cara y desmarques ruptura

3. Juego de cara en varias acciones para llegar el balón al carrilero y que haya ruptura del medio ofensivo

Descripción

1. El central izquierdo (5) pasa de nuevo al central (4).
2. El central (4) avanza con el balón.
3. El central (4) pasa al mediocampista defensivo (25).
4. El centrocampista defensivo (25) pasa al central derecho (30).
5. El central derecho (30) pasa al mediocampista ofensivo (17).
6. El centrocampista defensivo (25) se mueve para recibir el pase de descarga.
7. El mediocampista defensivo (25) pasa de par en par al lateral derecho avanzado (2).
8. El lateral derecho (2) pasa por detrás al mediocampista ofensivo (17), quien hace una carrera por detrás.
9. El mediocampista ofensivo (17) pasa al otro lado para que los compañeros que se acercan marquen.

Fuente: Entrenamiento de Pep Guardiola con Manchester City durante la gira en Nashville, EE. UU. - 29 de julio de 2017

Patrones 1-3-5-2 de Pep Guardiola: juego combinado con juego de cara y desmarques ruptura

4. Cambio de juego de lado a lado combinativo hasta llegada del carrilero y desmarque a espalda del medio ofensivo

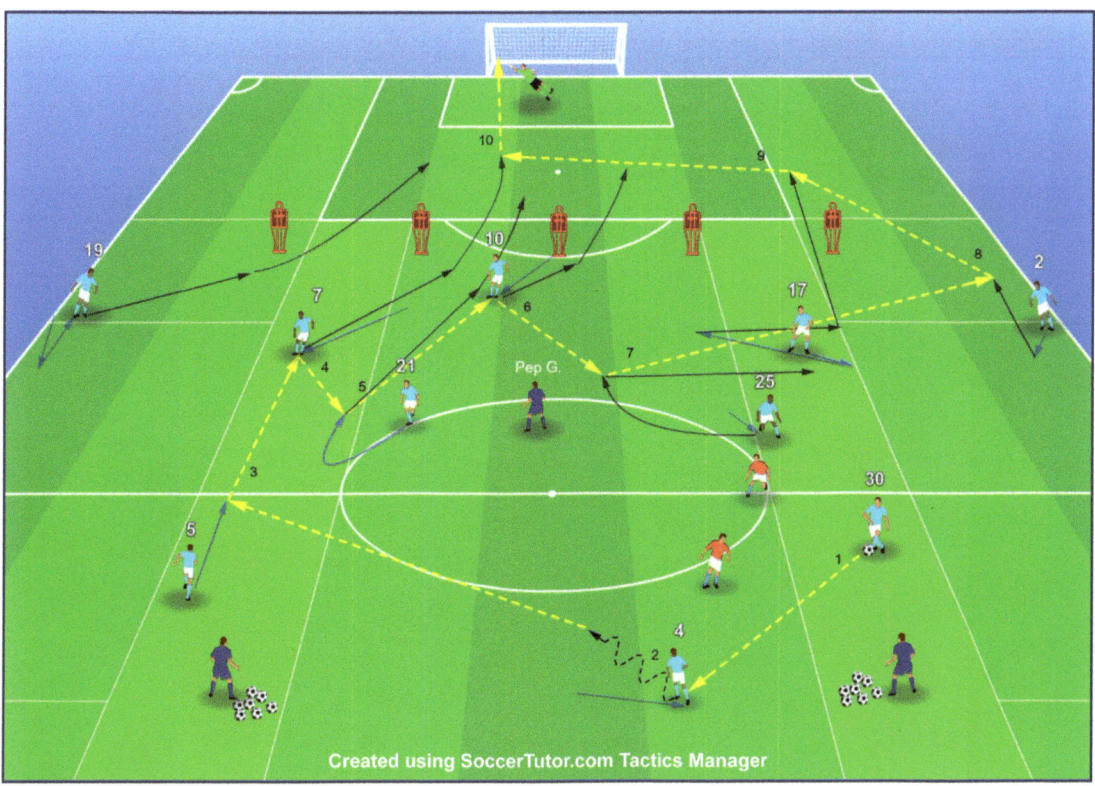

Descripción

1. El central derecho (30) pasa de nuevo al central (4).
2. El central (4) conduce ligeramente hacia la izquierda.
3. El central (4) pasa al central izquierdo (5), que avanza.
4. El central izquierdo (5) pasa al delantero (7), que se desplaza para recibir dentro del "Medio Espacio".
5. El mediocampista ofensivo (17) se mueve para recibir el pase de descarga en el "Medio Espacio".
6. El mediocampista ofensivo (17) pasa al delantero adelantado (10) en posición central.
7. El centrocampista defensivo (25) se mueve para recibir el pase de descanso.
8. El mediocampista defensivo (25) pasa con doble pared al lateral derecho (2), quien inicialmente pasa hacia atrás y luego avanza para recibir.
9. El lateral derecho (2) pasa al mediocampista ofensivo (17), quien realiza un desmarque para recibir por detrás.

Fuente: Entrenamiento de Pep Guardiola con Manchester City durante la gira en Nashville, EE. UU. - 29 de julio de 2017

Patrones 1-3-5-2 de Pep Guardiola: juego combinado con juego de cara y desmarques ruptura

5. Delantero y medio ofensivo rompen líneas a la espalda tras acciones de apoyo combinativo

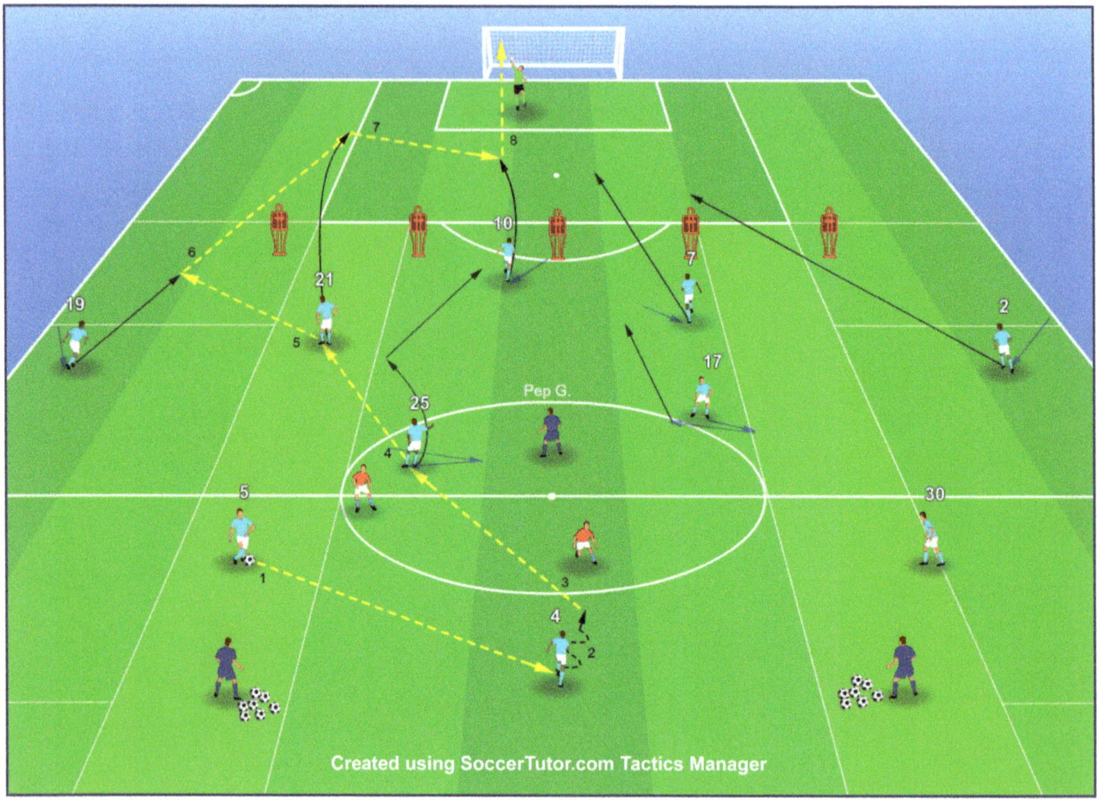

Descripción

1. El central izquierdo (5) pasa de nuevo al central (4).
2. El central (4) conduce hacia adelante.
3. El central (4) pasa al mediocampista defensivo (25), que se aleja antes de moverse para recibir.
4. El mediocampista defensivo (25) pasa al mediocampista ofensivo (21) en el "Medio Espacio".
5. El centrocampista ofensivo (21) pasa por el lateral izquierdo (19) para correr hacia él.
6. El lateral izquierdo (19) pasa por detrás al mediocampista ofensivo (21), que hace una carrera por detrás.
7. El mediocampista atacante (21) corta el balón hacia atrás para que el delantero (10) marque.

Fuente: Entrenamiento de Pep Guardiola con Manchester City durante la gira en Nashville, EE. UU. - 29 de julio de 2017

Desmarque de ruptura del mediocampista ofensivo para recibir y conducir por el centro

Directo sesiones de entrenamiento del Manchester City de Pep Guardiola

Patrones 1- 3-5-2 de Pep Guardiola: Ataque del medio ofensivo por dentro tras ruptura

1. Juego combinado rápido por dentro en "medio espacio" + Pase al centro para ruptura del medio ofensivo

Descripción

1. El central izquierdo (5) pasa de nuevo al central (4).
2. El central (4) avanza con el balón.
3. El central (4) pasa al centrocampista defensivo (25).
4. El centrocampista defensivo (25) pasa al central derecho (30).
5. El central derecho (30) pasa al delantero (10).
6. El mediocampista ofensivo (17) se mueve para recibir el pase de descarga dentro del "Medio Espacio".
7. El mediocampista ofensivo derecho (17) pasa al mediocampista ofensivo izquierdo (21), que avanza hacia el centro.
8. El centrocampista ofensivo (21) recibe y regatea entre los muñecos y hacia la portería.
9. El centrocampista ofensivo (21) dispara desde fuera del área penal.

Fuente: Entrenamiento de Pep Guardiola con Manchester City durante la gira en Nashville, EE. UU. - 29 de julio de 2017

Patrones 1- 3-5-2 de Pep Guardiola: Ataque del medio ofensivo por dentro tras ruptura

2. Ambos delanteros atraen hacia balón para dejar espacio a la llegada de atrás del medio ofensivo

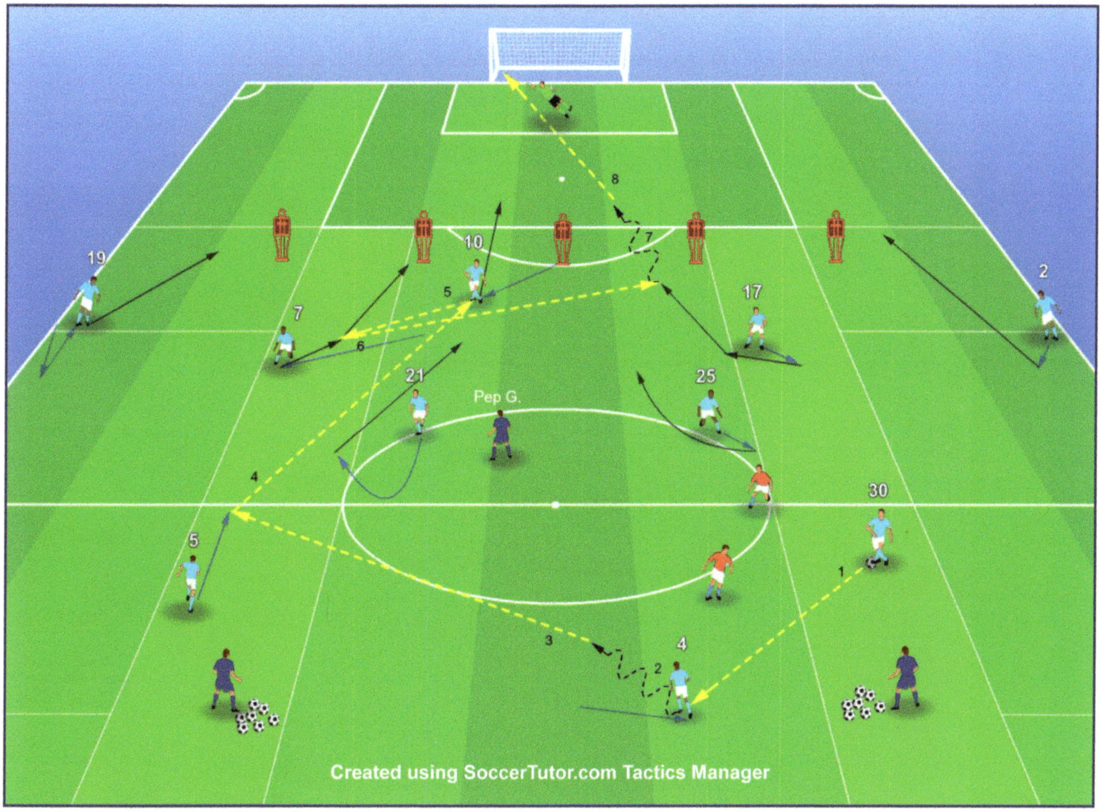

Descripción

1. El central derecho (30) pasa de nuevo al central (4).
2. El central (4) conduce ligeramente hacia la izquierda.
3. El central (4) pasa al central izquierdo (5), que avanza.
4. El central izquierdo (5) pasa al delantero (10), que se desplaza ligeramente.
5. El segundo delantero (7) se ha desplazado hacia la izquierda dentro del "Medio espacio", luego avanza para recibir el pase de descarga.
6. El segundo delantero (7) pasa al centrocampista ofensivo derecho (17), que avanza y se dirige al centro.
7. El centrocampista ofensivo (17) recibe y regatea entre los muñecos y hacia la portería.
8. El centrocampista ofensivo (17) dispara desde dentro del área de penalti.

Fuente: Entrenamiento de Pep Guardiola con Manchester City durante la gira en Nashville, EE. UU. - 29 de julio de 2017

COMBINACIONES DE ATAQUE Y FINALIZACIONES

Ataque combinado para crear espacios y finalizar

Directo sesiones de entrenamiento del Manchester City de Pep Guardiola

Pep Guardiola Entrenamientos: Ataque combinado para crear espacios y finalizar

1. Pasar y devolver para recibir en una combinación de ataque con descarga, regate y remate

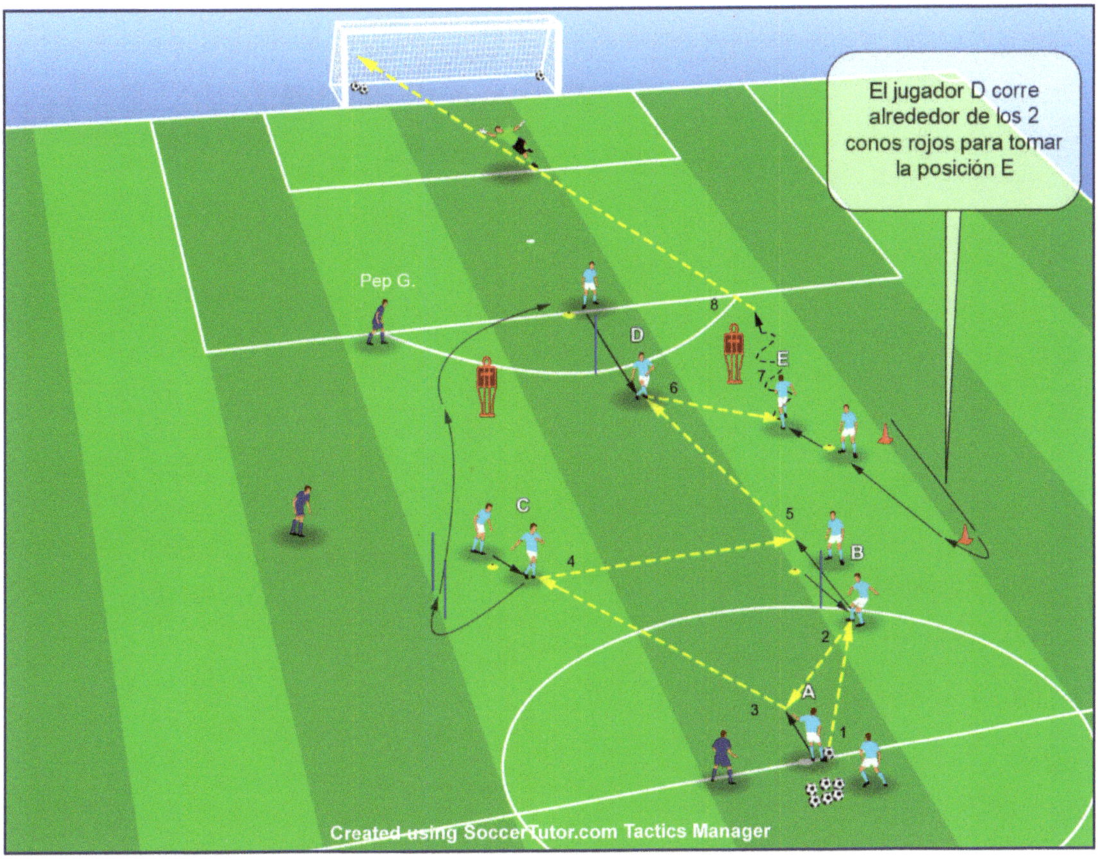

Descripción

1. El jugador A pasa a B, quien retrocede detrás del poste.
2. El jugador B pasa hacia atrás para que A avance, completando la combinación 1-2.
3. El jugador B pasa a C.
4. El jugador C pasa a B, que se ha adelantado más allá del poste.
5. El jugador B pasa hacia adelante a D, quien retrocede.
6. El jugador D realiza un pase de descanso para que E avance.
7. El jugador E recibe y regatea al muñeco.
8. El jugador E dispara a portería.
9. Los jugadores rotan posiciones: (A -> B -> C -> D -> E -> A).

Fuente: Sesión del Manchester City de Pep Guardiola en el Etihad Campus Training Ground, Manchester - 12 de julio de 2017

Pep Guardiola Entrenamientos: Ataque combinado para crear espacios y finalizar

2. Combinacion de pases y buscar espalda de defensores

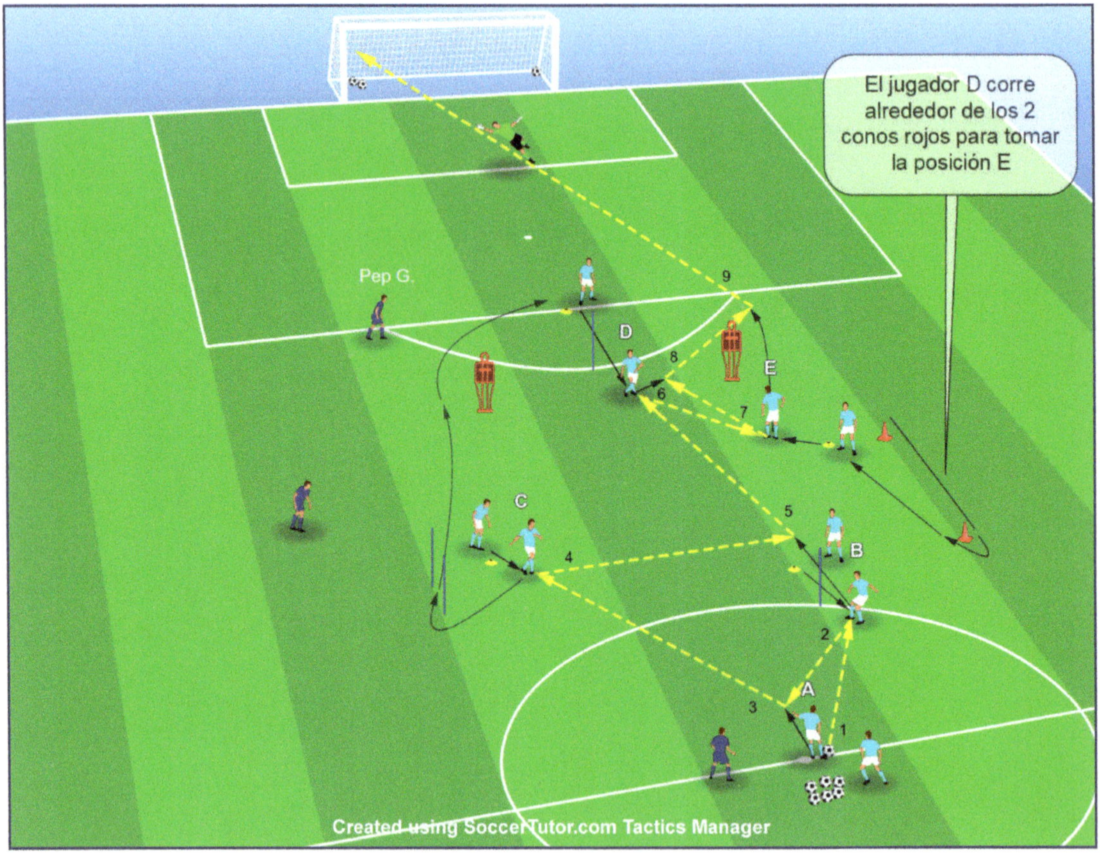

El jugador D corre alrededor de los 2 conos rojos para tomar la posición E

Descripción

- En esta variación de la práctica anterior, el jugador E no dribla hacia adelante después de recibir el pase de D.

- En cambio, el jugador E juega una combinación de 1-2 con D y dispara después de recibir el pase de regreso detrás del muñeco.

- Los jugadores rotan posiciones: (A -> B -> C -> D -> E -> A).

Fuente: Sesión del Manchester City de Pep Guardiola en el Etihad Campus Training Ground, Manchester - 12 de julio de 2017

Pep Guardiola Entrenamientos: Ataque combinado para crear espacios y finalizar

3. Combinación de pases + Recibir pase raso en desmarque y Disparar

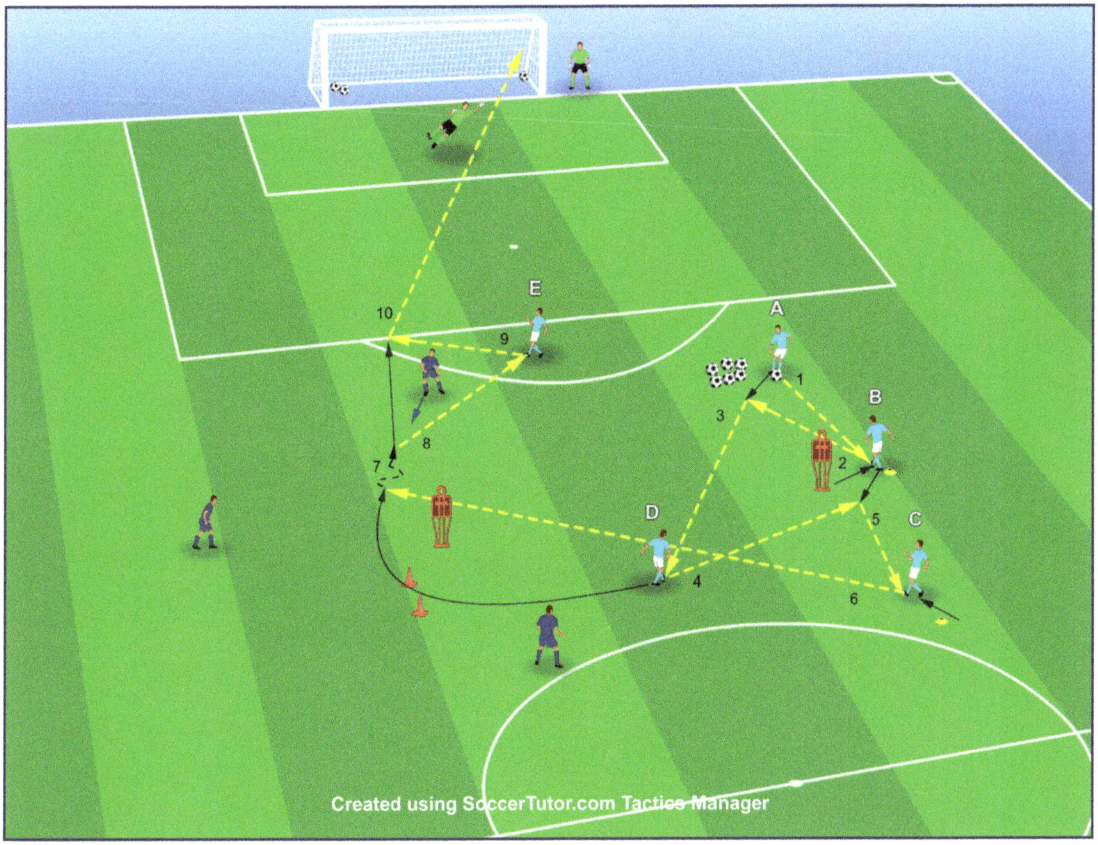

Descripción

1. El jugador A pasa de nuevo a B.
2. El jugador B pasa a A para completar la combinación 1-2.
3. El jugador A pasa en diagonal a D.
4. El jugador D pasa a B, quien ha retrocedido para recibir.
5. El jugador B pasa de nuevo a C.
6. El jugador C juega el pase más largo de la secuencia para que D corra (carrera curva a través de los conos rojos como se muestra).
7. El jugador D dribla hacia adelante y el entrenador lo pone bajo presión pasiva.
8. El jugador D pasa a E.
9 y 10. El jugador E juega un pase de retorno para que D conduzca a portería (combinación 1-2) y dispare.
11. Los jugadores rotan posiciones: (A -> B -> C -> D -> E -> A).

Fuente: Sesión del Manchester City de Pep Guardiola en el Etihad Campus Training Ground, Manchester - 3 de mayo de 2018

Pep Guardiola Entrenamientos: Ataque combinado para crear espacios y finalizar

4. Combinación de pases + Recibir pase aéreo en desmarque y Disparar

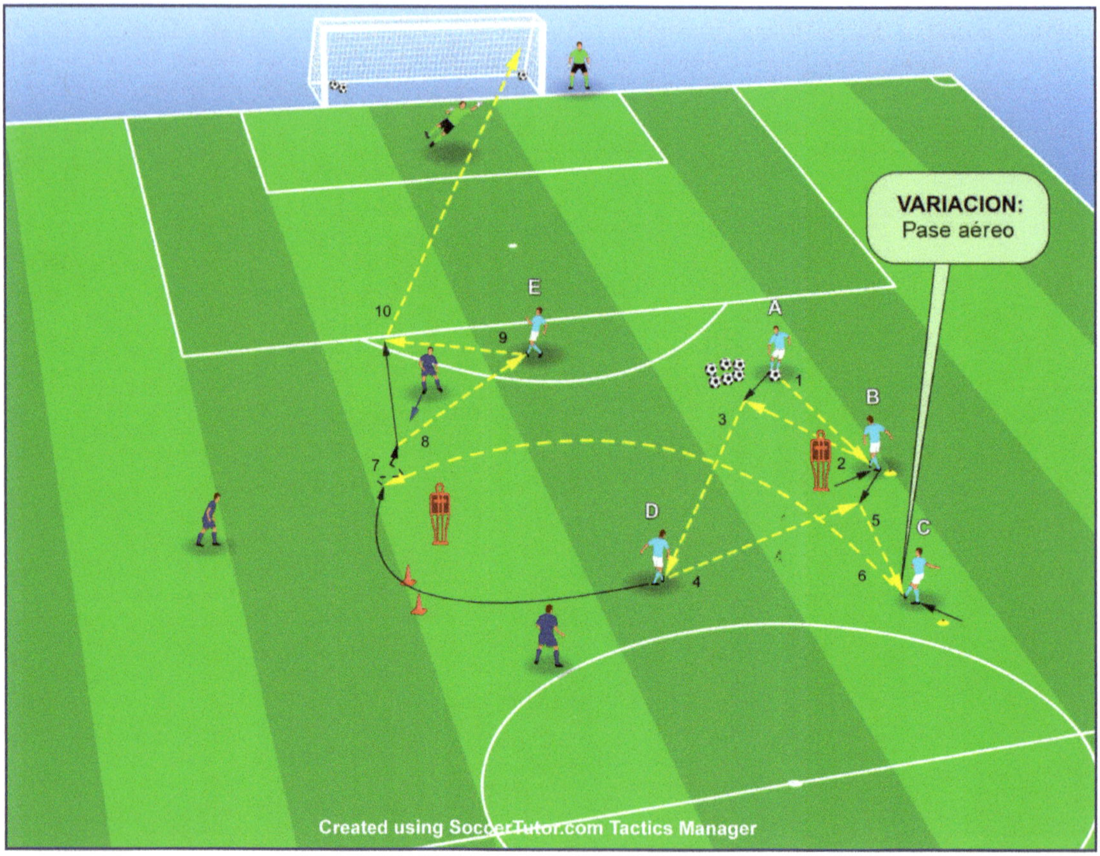

Descripción

- En esta variación de la práctica anterior, el jugador C usa un pase aéreo en lugar de un pase por el suelo.

- El resto de la práctica es igual que la anterior.

- Los jugadores rotan posiciones: (A -> B -> C -> D -> E -> A).

Fuente: Sesión de entrenamiento del Manchester City de Pep Guardiola en el Etihad Campus Training Ground, Manchester

Pep Guardiola Entrenamientos: Ataque combinado para crear espacios y finalizar

5. Combinación y pase aéreo diagonal a espaldas buscando tercer hombre + llegada

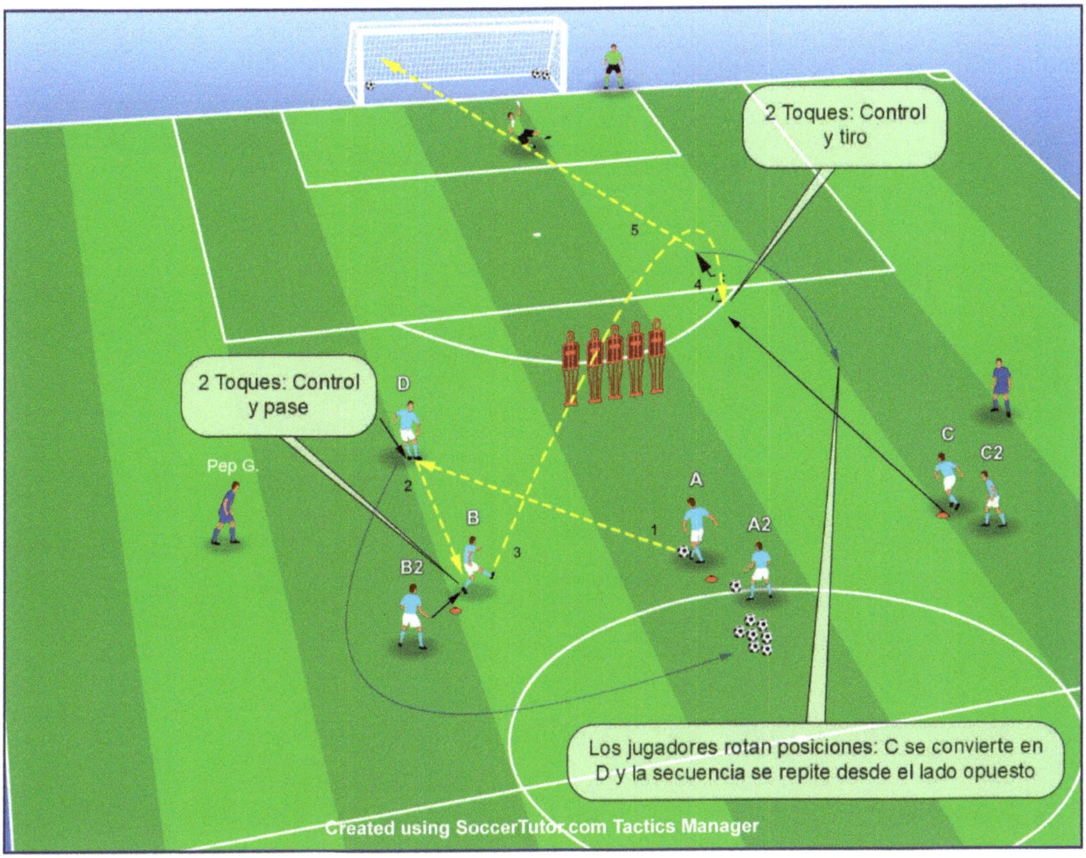

Descripción

1. El jugador A pasa en diagonal a D.
2. El jugador D retrocede y pasa a B.
3. El jugador C ha cronometrado una carrera hacia adelante. El jugador B controla el balón y realiza un pase aéreo sobre los muñecos (2 toques), bien sincronizado para que C corra hacia él.
4 y 5. El jugador C controla y dispara (2 toques).
6. Los jugadores rotan posiciones.
7. La práctica se repite en el lado opuesto, con el jugador C tomando el papel de D.

Fuente: Sesión de entrenamiento del Manchester City de Pep Guardiola en el Etihad Campus Training Ground, Manchester

Pep Guardiola Entrenamientos: Ataque combinado para crear espacios y finalizar

6. Uno-dos, pase amplitud, cruzar y finalizar

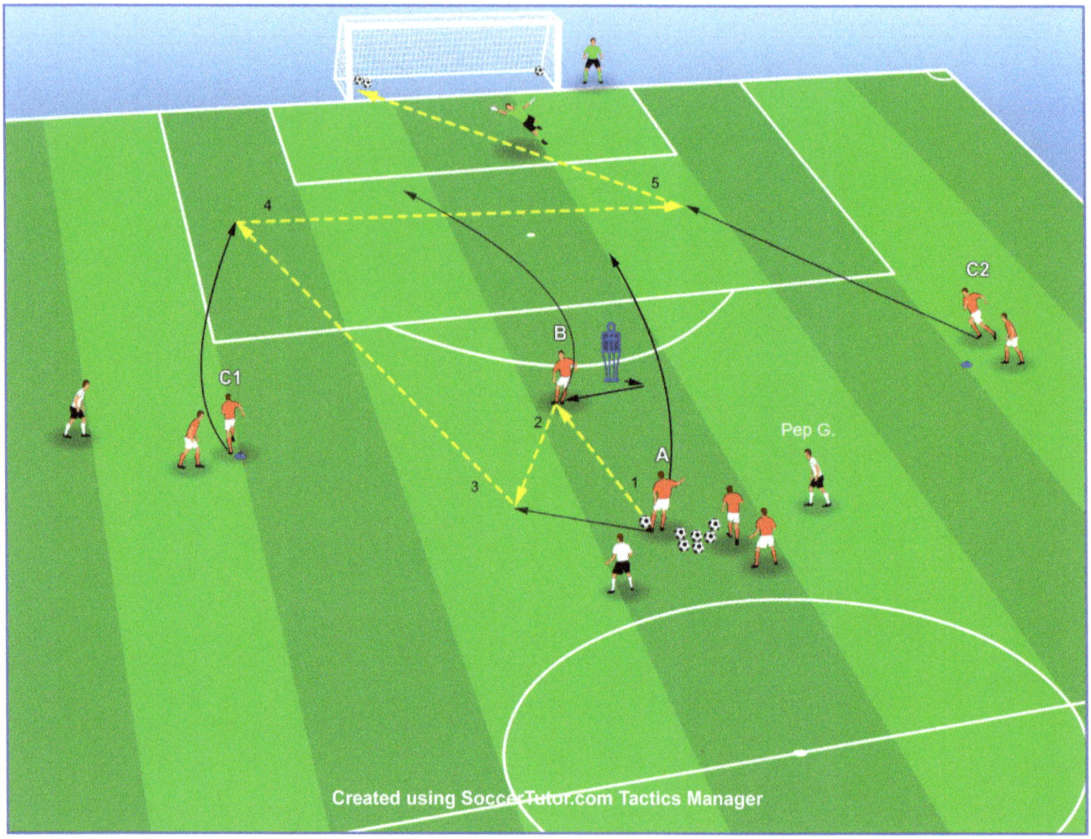

Descripción

1. El jugador A pasa a B, quien se aleja del muñeco antes de moverse para recibir.

2. El jugador A se mueve para recibir el pase de regreso de B (completa la combinación 1-2).

3. El jugador A recibe y pasa por detrás de la carrera de C1 hacia el área de penalti.

4. El jugador C1 recibe después de una carrera hacia adelante en el momento oportuno y lanza un centro bajo para los compañeros de equipo que se acercan.

5. Los jugadores A, B y C2 han corrido hacia el área de penalti para intentar anotar desde el centro bajo. El jugador C2 puntúa en el ejemplo del diagrama.

6. Repite la secuencia en el lado opuesto: el siguiente jugador A juega un 1-2 con B y luego pasa por detrás para que C2 cruce.

Fuente: Entrenamiento del Bayern de Múnich de Pep Guardiola en Säbener Strasse, Múnich - 13 de noviembre de 2014

Pep Guardiola Entrenamientos: Ataque combinado para crear espacios y finalizar

7. Uno-dos, pase aéreo diagonal para anotar llegando desde atrás

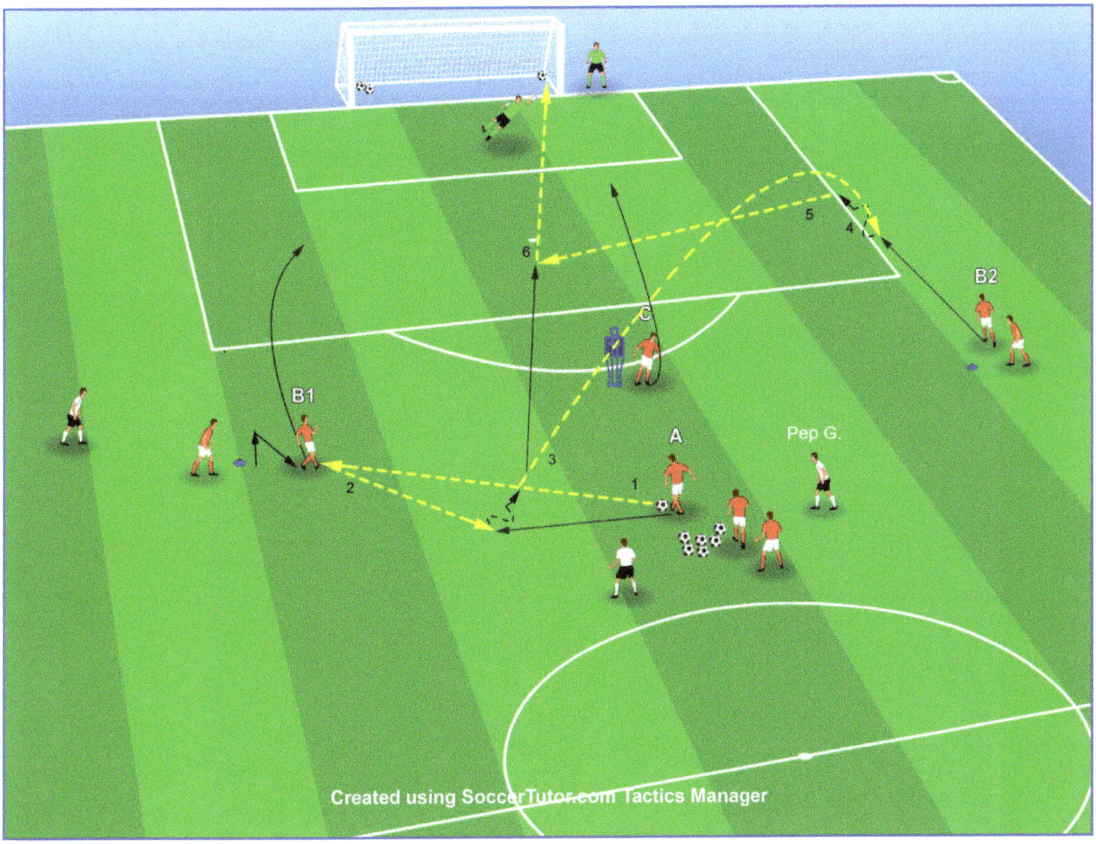

Descripción

1. El jugador A pasa a B1, quien se aleja de su cono antes de moverse para recibir.

2. El jugador A se mueve para recibir el pase de regreso (combinación 1-2), da un toque y abre la forma de su cuerpo.

3. El jugador A realiza un pase aéreo por detrás para que B2 corra hacia adelante.

4. El jugador B2 controla el pase aéreo, dando un toque hacia adelante y fuera de sus pies.

5. El jugador B2 cruza a C, que corre hacia el poste cercano, a A, que realiza una carrera hacia el centro, o a B1, que corre hacia el segundo palo.

6. El jugador A, B1 o C intentan anotar. El jugador A anota en el ejemplo del diagrama.

7. Repite la secuencia en el lado opuesto: el siguiente jugador A juega un 1-2 con B2 y luego juega un pase aéreo detrás de B1.

Fuente: Entrenamiento del Bayern de Múnich de Pep Guardiola en Säbener Strasse, Múnich - 13 de noviembre de 2014

Pep Guardiola Entrenamientos: Ataque combinado para crear espacios y finalizar

8. Uno-dos, pase amplitud, desdoblamiento y pase cruzado para finalizar

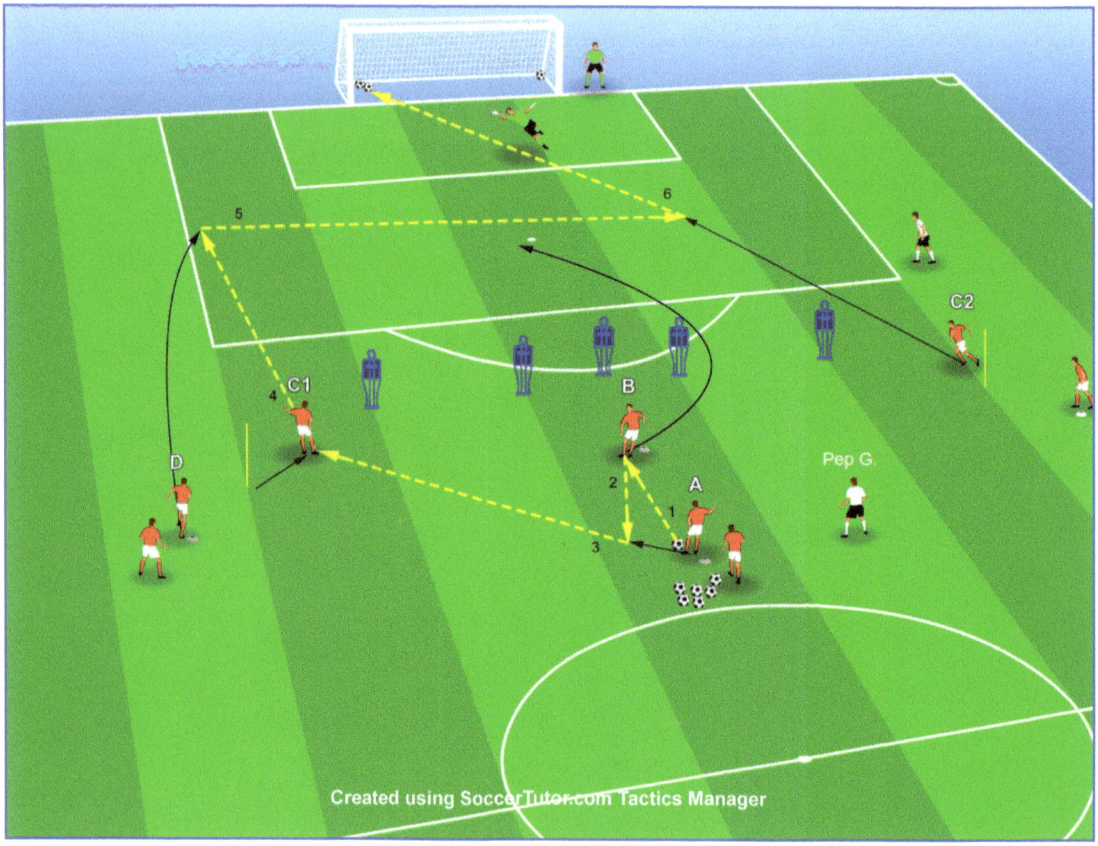

Descripción

1. El jugador A pasa a B.

2. El jugador A sale del cono para recibir el pase de regreso de B (combinación 1-2).

3. El jugador A pasa desviado a C1, que recibe en movimiento.

4. El jugador C1 pasa a D, quien hace una carrera superpuesta para recibir detrás.

5. El jugador D cruza a B o C2.

6. El jugador B o C2 intentan marcar. El jugador C2 puntúa en el ejemplo del diagrama.

7. Repite la secuencia en el lado opuesto: el siguiente jugador A juega un 1-2 con B y luego pasa a C2.

Los jugadores A y B cambian de posición después de cada secuencia. Los jugadores C1, C2 y D se mantienen abiertos.

Fuente: Entrenamiento de Pep Guardiola en el Bayern de Múnich en el campo de entrenamiento de la Säbener Strasse, Múnich

Pep Guardiola Entrenamientos: Ataque combinado para crear espacios y finalizar

9. Pases rápidos, uno-dos y diagonal a espalda para que el compañero de equipo reciba y termine

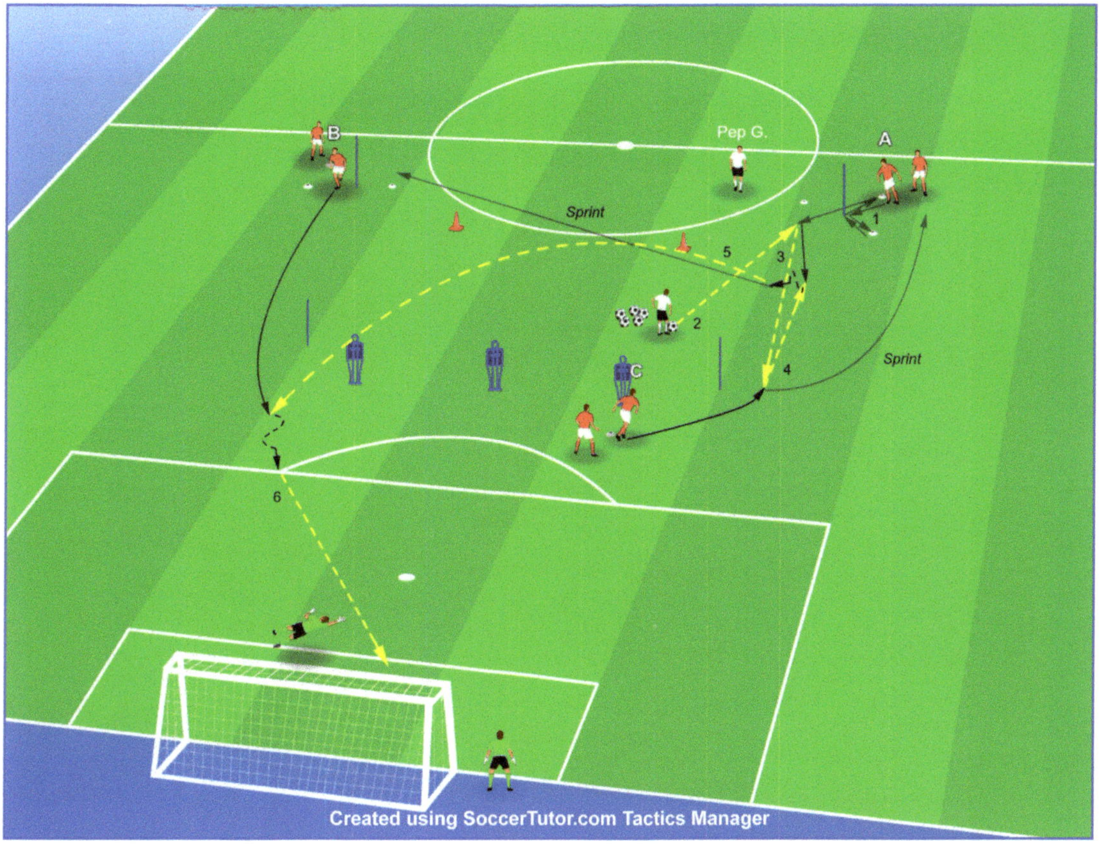

Descripción

1. El jugador A da pasos rápidos hacia y hacia atrás desde el poste dos veces, y luego avanza.

2. El entrenador pasa al jugador A.

3. El jugador A pasa hacia adelante al jugador C, que retrocede con el movimiento mostrado.

4. El jugador C devuelve el balón a A.

5. El jugador A recibe, abre y juega un pase aéreo por detrás (sobre los muñecos) para la carrera hacia adelante del jugador B.

6. Los jugadores rotan posiciones (A -> B -> C -> A) y la práctica continúa.

Puede ejecutar esta práctica desde cualquier lado.

Fuente: entrenamiento de Pep Guardiola en el Bayern de Múnich en el campo de entrenamiento de la Säbener Strasse, Múnich

Pep Guardiola Entrenamientos: Ataque combinado para crear espacios y finalizar

10. Combinación corta, pase con amplitud para cruzar y centro lateral al área

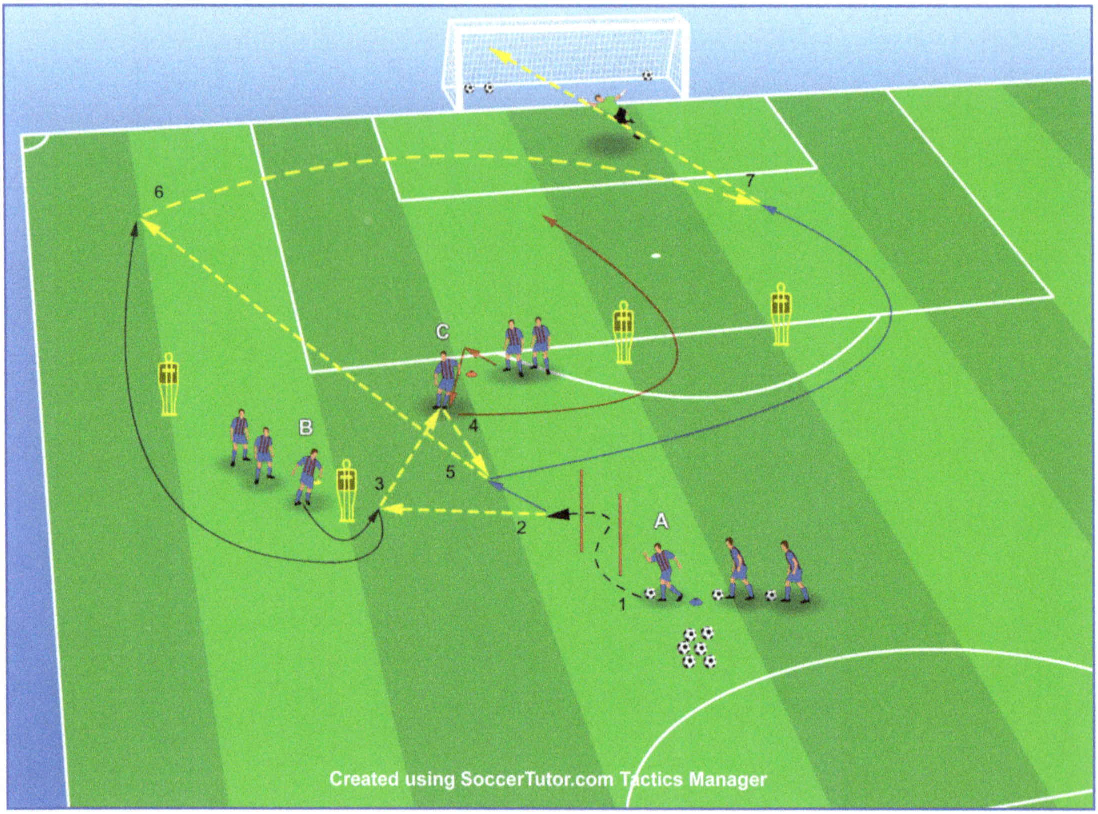

Descripción

1. El jugador A regatea a través de los postes.

2. El jugador A pasa a B, quien retrocede y luego avanza para recibir frente al muñeco.

3. El jugador B pasa a C.

4. El jugador C juega un pase de descanso a A.

5. El jugador A se desmarca con amplitud por el flanco para que B corra hacia él después de una carrera curva alrededor de los muñecos.

6. El jugador B cruza al área de penalti.

7. Los jugadores A y C hacen carreras curvas alrededor de los muñecos y hacia el área de penalti para intentar anotar desde la cruz. El jugador A anota en el ejemplo del diagrama.

8. Después de 4 repeticiones cada una, descansa 3-4 minutos y luego repite la práctica en el lado derecho del campo.

Fuente: Entrenamientos de Pep Guardiola del equipo B del Barcelona (2007-08)

Pep Guardiola Entrenamientos: Ataque combinado para crear espacios y finalizar

11. Combinación con descarga, pase con amplitud y centro lateral al área, con llegada al punto de penalti

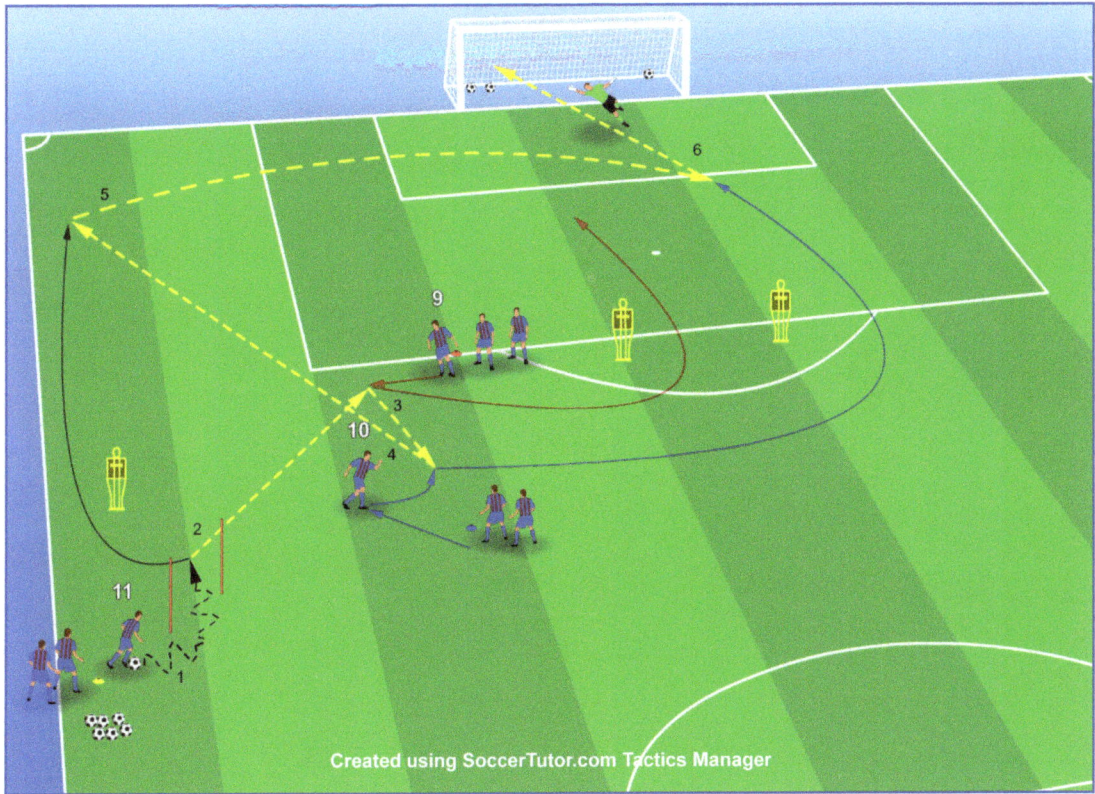

Descripción

1. El extremo izquierdo (11) regatea a través de los postes.

2. El extremo izquierdo (11) realiza un pase diagonal al delantero (9).

3. El delantero (9) realiza un pase de descarga hacia el mediocampista ofensivo (10), que inicialmente se ha movido en diagonal hacia adelante y luego cruza para recibir.

4. El mediocampista ofensivo (10) realiza un pase amplio y alto por el flanco para que el lateral izquierdo (11) corra hacia la línea de fondo, después de realizar una carrera curva alrededor del muñeco.

5. El extremo izquierdo (11) cruza al área.

6. Ambos jugadores hacen carreras curvas alrededor de los muñecos para anotar: Delantero (9) al primer poste y el centrocampista atacante (10) al segundo poste.

7. Los jugadores rotan posiciones (11 -> 9 -> 10 -> 11).

8. Después de 3 repeticiones, se descansa 3-4 minutos y luego se repite la práctica en el lado derecho del campo.

Fuente: Entrenamientos de Pep Guardiola del equipo B del Barcelona (2007-08)

Pep Guardiola Entrenamientos: Ataque combinado para crear espacios y finalizar

12. Los delanteros se cruzan para llegar a zona de finalización para recibir centro lateral y finalizar

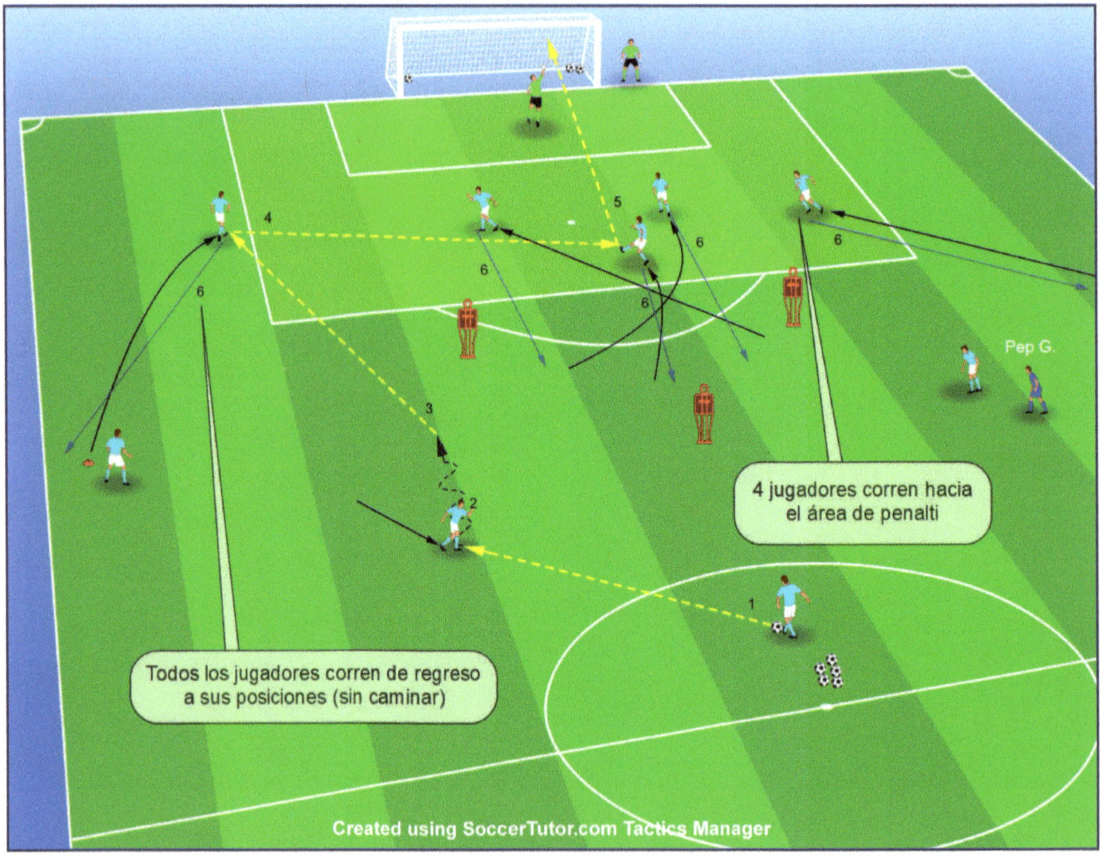

Descripción

1. El centrocampista defensivo pasa al centrocampista ofensivo izquierdo, que ha retrocedido para recibir.

2. El mediocampista ofensivo regatea hacia adelante y el lateral izquierdo hace una carrera hacia adelante.

3. El centrocampista ofensivo hace un pase para que el lateral izquierdo corra hacia lo alto del campo.

4. El lateral izquierdo cruza al área de penalti.

5. Los 3 jugadores atacantes que esperaban en el borde del área de penalti y el extremo derecho han realizado carreras hacia adelante hacia el área de penalti para intentar anotar.

6. Todos los jugadores trotan de regreso a sus posiciones iniciales (sin caminar) y la práctica se repite con centro desde el lado derecho.

Fuente: Sesión de entrenamiento del Manchester City de Pep Guardiola en el Etihad Campus Training Ground, Manchester

Pep Guardiola Entrenamientos: Ataque combinado para crear espacios y finalizar

13. Juego combinado de pases cortos en banda, centro y remate

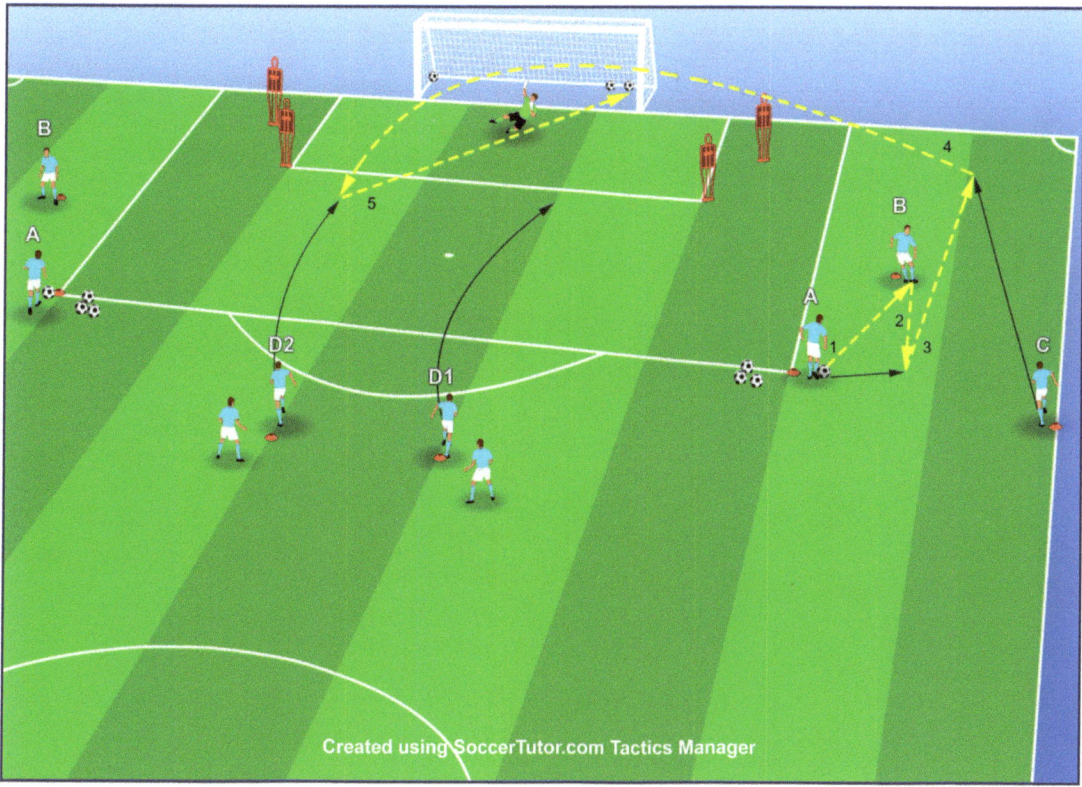

La práctica se realiza desde ambos lados del campo de forma alterna.

Descripción

1. El jugador A pasa a B.

2. El jugador B devuelve el pase a A (combinación 1-2), quien se mueve.

3. El jugador A pasa para que C corra hacia adelante.

4. El jugador C cruza hacia el área de penalti, asegurándose de evadir los 2 muñecos. Puede hacer un centro alto o bajo (recortar antes).

5. El tiempo de los jugadores D1 y D2 corre hacia el área de penalti para encontrarse con el centro e intentar anotar.

6. Si el portero salva el primer intento, los jugadores deben estar atentos e intentar anotar el rebote.

7. Los jugadores A y B rotan posiciones. Luego, la práctica se repite en el lado izquierdo.

Fuente: Entrenamiento del Manchester City de Guardiola en el Campus Training Ground- 22 de noviembre de 2017

Pep Guardiola Entrenamientos: Ataque combinado para crear espacios y finalizar

14. Pases cortos por dentro, juego amplio, uno-dos, recortar y finalizar en un 5 contra 2

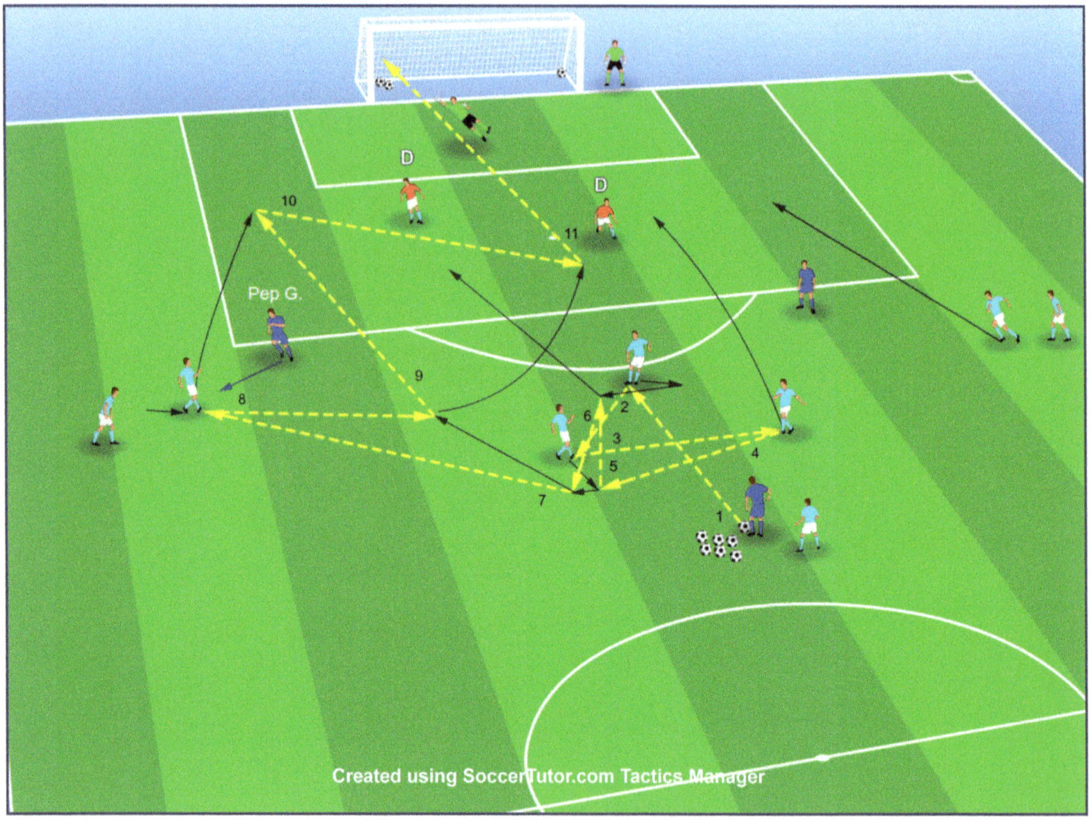

Descripción

- Hay 3 jugadores azules en una posición central fuera del área de penalti y 1 jugador ancho activo en cada lado. También hay 2 defensores rojos dentro del área de penalti.

- La práctica comienza con el pase del Entrenador y los 3 jugadores azules se pasan el balón entre ellos, esperando el momento adecuado para abrir el balón.

- Después de jugar un pase ancho (ya sea a la izquierda o derecha), 1 jugador se mueve para apoyar al jugador ancho y los otros 2 hacen carreras hacia el área de penal, al igual que el otro jugador ancho.

- El jugador de banda está presionado por el técnico (Pep Guardiola), por lo que juega una combinación 1-2 con su compañero y vuelve a recibir dentro del área de penalti.

- A partir de este punto, el jugador de banda ancha debe lanzar el centro de derecha o recortado para que un compañero marque, evadiendo a los 2 defensores rojos.

- Los jugadores corren hacia atrás y la práctica se reinicia.

Fuente: Entrenamiento del Manchester City de Guardiola en el Campus Training Ground- 22 de noviembre de 2017

Ataque en duelos 3v2

Directo sesiones de entrenamiento del Bayern Munich de Pep Guardiola

Pep Guardiola Entrenamiento: Acciones ataque con duelos 3v2

1. Duelos rapidos 3 v 2 (+POR)

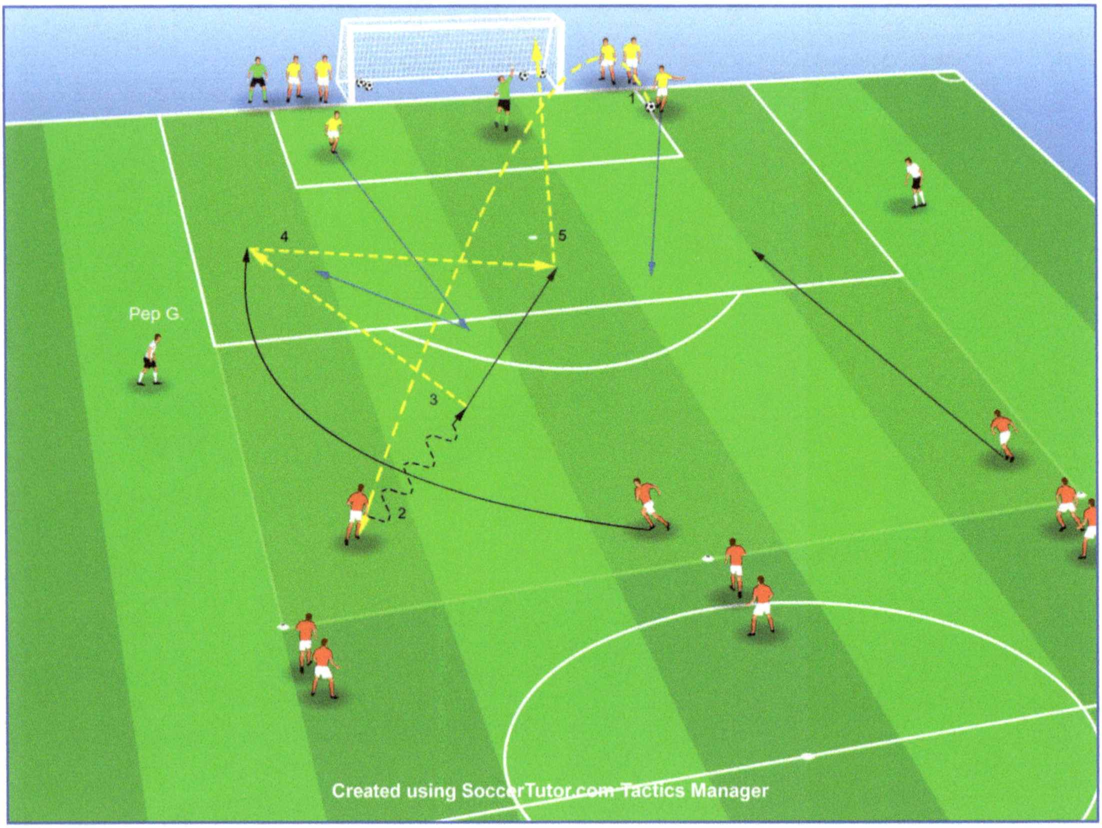

Descripción

- Los 3 jugadores rojos comienzan en los conos blancos y los 2 jugadores amarillos comienzan a cada lado de la portería.

- Un jugador amarillo juega un pase aéreo a cualquiera de los jugadores rojos.

- El jugador rojo que recibe regatea hacia adelante para iniciar el ataque.

- El objetivo de los 3 jugadores rojos es atacar a gran velocidad y anotar lo más rápido posible.

- El jugador que recibe regatea hacia el centro para ocupar a los 2 defensores y los otros 2 atacantes buscan recibir a cualquier lado.

- Si un jugador ancho recibe el pase aéreo, el jugador central hace una carrera superpuesta.

- El primer objetivo es realizar un pase oportuno a un compañero en buena posición para marcar.

- Una segunda opción es que el jugador reciba y luego haga un pase cruzado bajo (con recorte previo), como se muestra en el ejemplo del diagrama.

Fuente: Entrenamiento del Bayern de Múnich de Pep Guardiola en Doha, Qatar - 7 de enero de 2014

Pep Guardiola Entrenamiento: Acciones ataque con duelos 3v2

2. Duelos rápidos 3 contra 2 (+ PO) con 1 defensor comenzando desde una posición lateral

Descripción

- Esta es una variación de la práctica anterior.

- Ahora, un defensor comienza desde una posición amplia, en lugar de al lado de la portería.

- Los jugadores rojos deben estar atentos y por lo tanto buscar aprovechar el espacio en el lado opuesto al segundo defensor, como se muestra en el ejemplo del diagrama.

Fuente: Entrenamiento del Bayern de Múnich de Pep Guardiola en Doha, Qatar - 7 de enero de 2014

Circuitos de ataque en juego combinativo

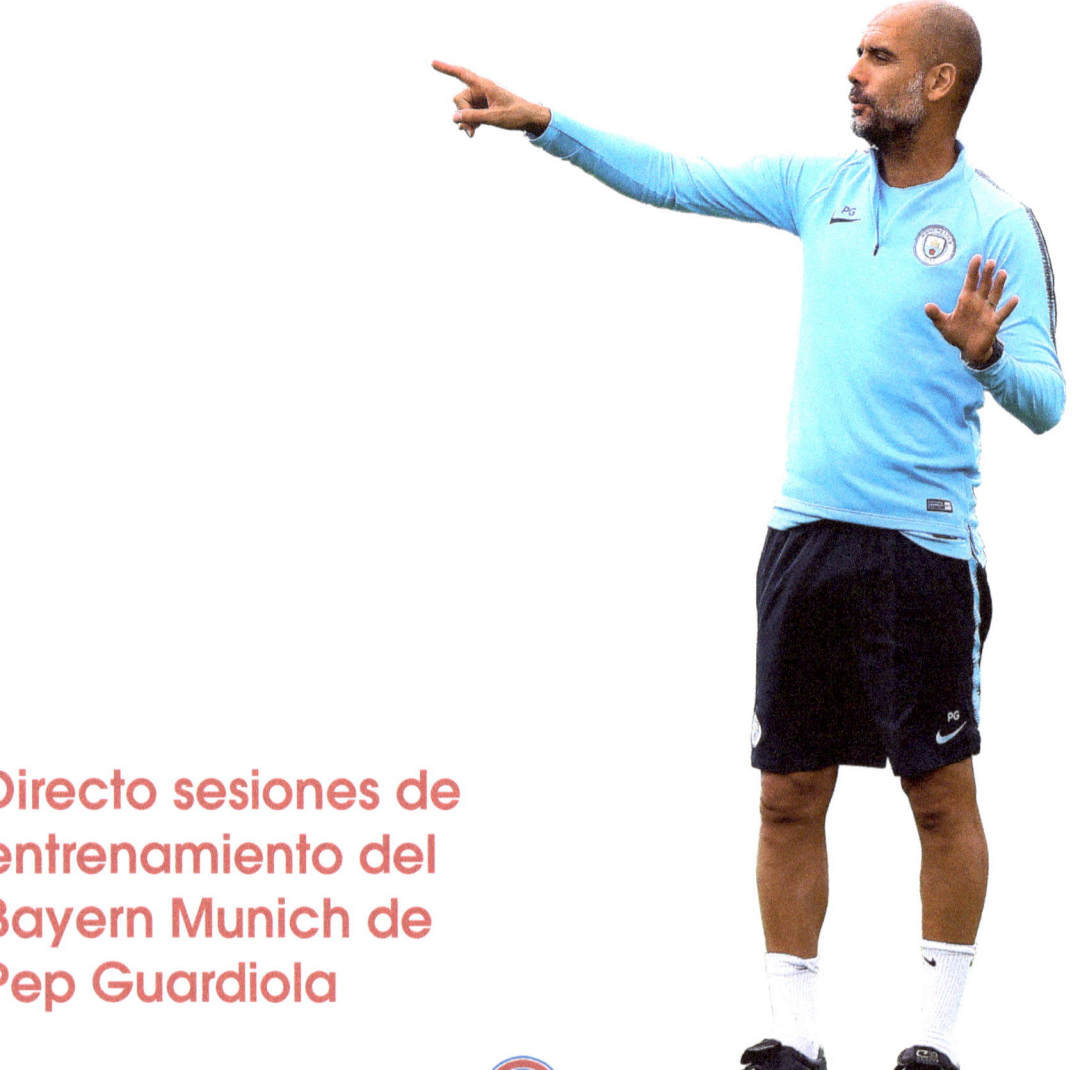

Directo sesiones de entrenamiento del Bayern Munich de Pep Guardiola

Practicas Pep Guardiola: Circuitos de ataque en juego combinativo

1. Circuito de juego combinado con pase filtrado y finalización con ejercicios de velocidad

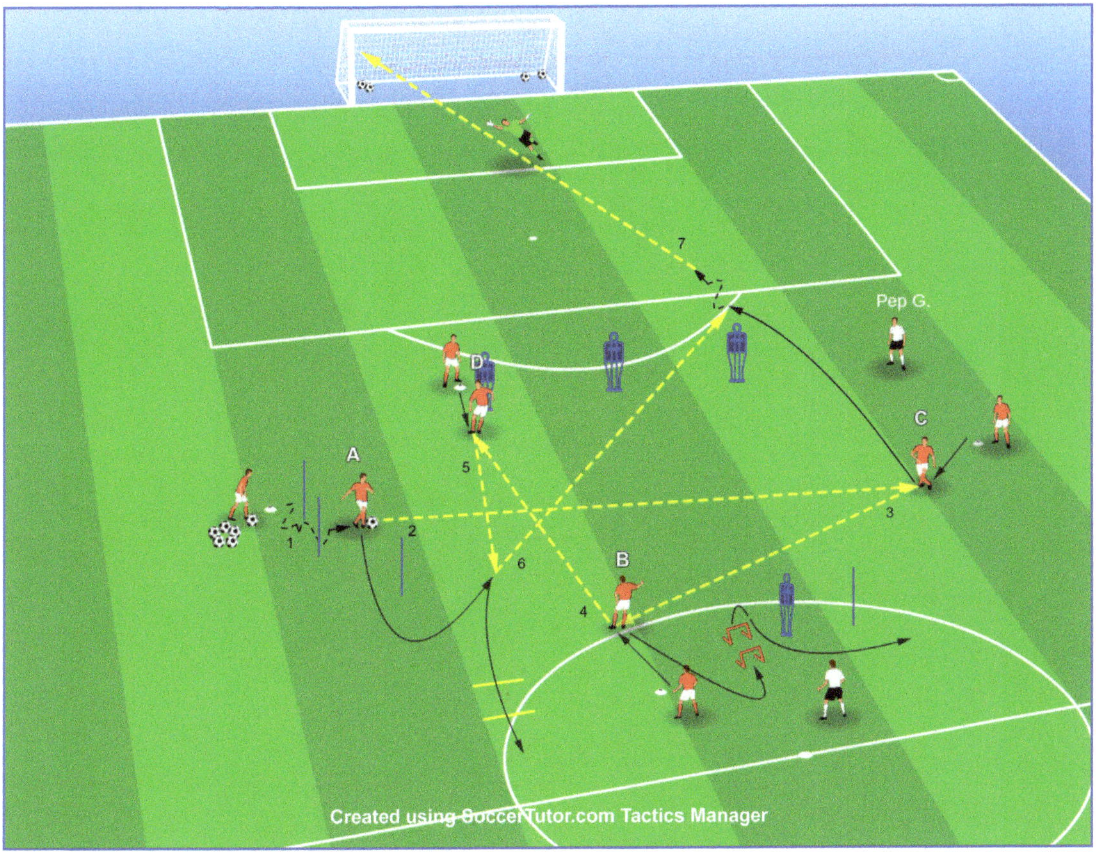

Descripción

1. El jugador A regatea a través de los postes.

2. El jugador A pasa al jugador C. Luego corre alrededor del poste.

3. El jugador C sale de su cono y pasa a B.

4. El jugador B sale de su cono y pasa a D. Luego salta dos vallas y corre alrededor del muñeco y el poste.

5. El jugador D pasa de nuevo a A.

6. El jugador A pasa entre los muñecos y detrás para la carrera de C. Luego salta a través de los postes del suelo.

7. El jugador C controla y dispara (2 toques).

8. Los jugadores rotan posiciones: (A -> B -> C -> D -> A).

Fuente: Entrenamiento de Pep Guardiola en el Bayern de Múnich en el campo de Säbener Strasse, Múnich - 7 de enero de 2016

Practicas Pep Guardiola: Circuitos de ataque en juego combinativo

2. Circuito de juego combinado con pase aéreo diagonal filtrado y finalización con ejercicios de velocidad

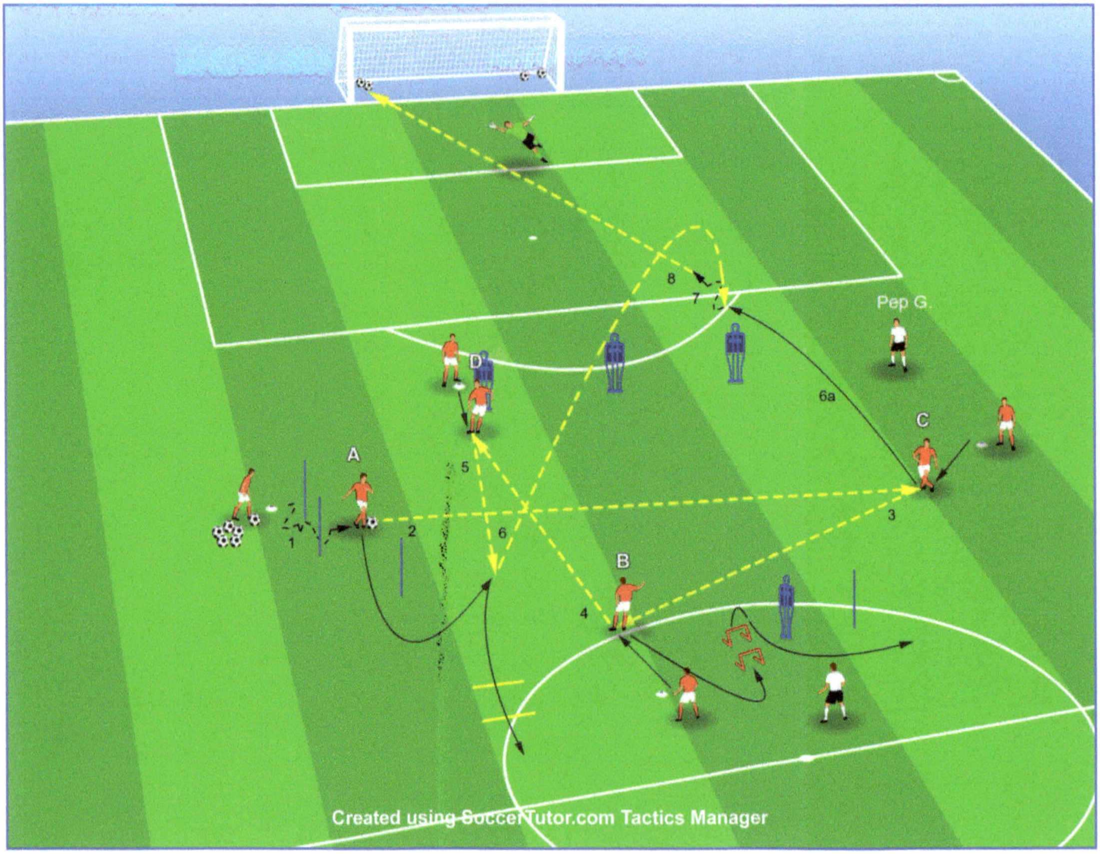

Descripción
- Esta es una variación de la práctica anterior, con solo un ligero cambio.
- El jugador A ahora juega un pase aéreo por detrás para que C corra, controle y dispare (2 toques).

Fuente: Entrenamiento de Pep Guardiola en el Bayern de Múnich en el campo de Säbener Strasse, Múnich - 7 de enero de 2016

Practicas Pep Guardiola: Circuitos de ataque en juego combinativo

3. Circuito de juego combinado con regate y finalización con ejercicios de velocidad

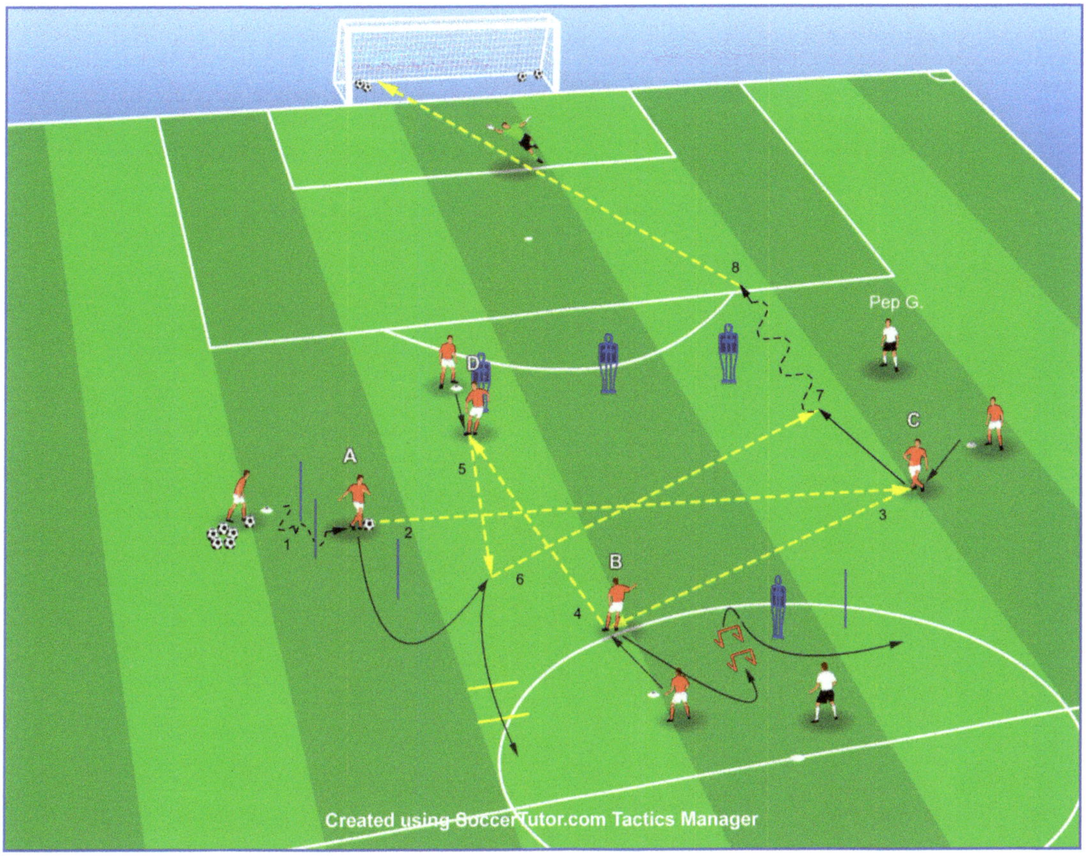

Descripción

- Esta es una segunda variación de las prácticas anteriores, con solo un ligero cambio.
- No hay pase detrás del jugador A.
- En cambio, el jugador A pasa a C frente a los muñecos: el jugador C recibe, regatea al muñeco y luego dispara para intentar anotar.

Fuente: Entrenamiento de Pep Guardiola en el Bayern de Múnich en el campo de Säbener Strasse, Múnich - 7 de enero de 201

Practicas Pep Guardiola: Circuitos de ataque en juego combinativo

4. Circuito de pases con ejercicios de velocidad + regate y finalización

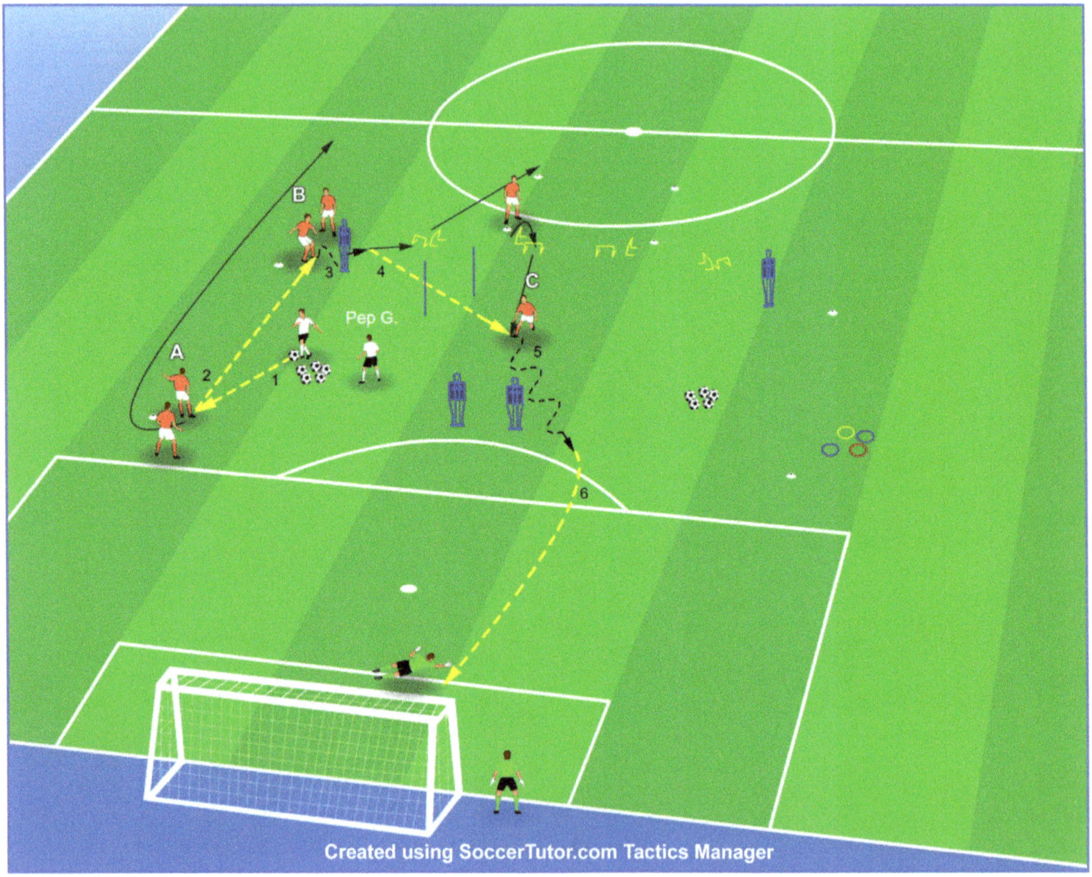

Descripción

1. El entrenador pasa al jugador A.

2. El jugador A pasa de nuevo a B.

3. El jugador B recibe posicionado y pasa el balón por delante del muñeco.

4. El jugador B pasa entre los postes a C, quien ha saltado 2 vallas y avanzó para recibir.

5. El jugador C regatea al muñeco (simulando una situación de 1 contra 1 contra el defensor).

6. El jugador C dispara a portería.

7. Los jugadores rotan posiciones (A -> B -> C -> A).

Fuente: Entrenamiento de Pep Guardiola en el Bayern de Múnich en el campo de Säbener Strasse, Múnich - 7 de enero de 201

Atacar con el juego combinativo en las prácticas de acondicionamiento y velocidad

Directo sesiones de entrenamiento del FC Barcelona de Pep Guardiola

Practicas Pep Guardiola: Juego combinado de acondicionamiento y velocidad

1. Pasar, regatear y disparar en un circuito de calentamiento

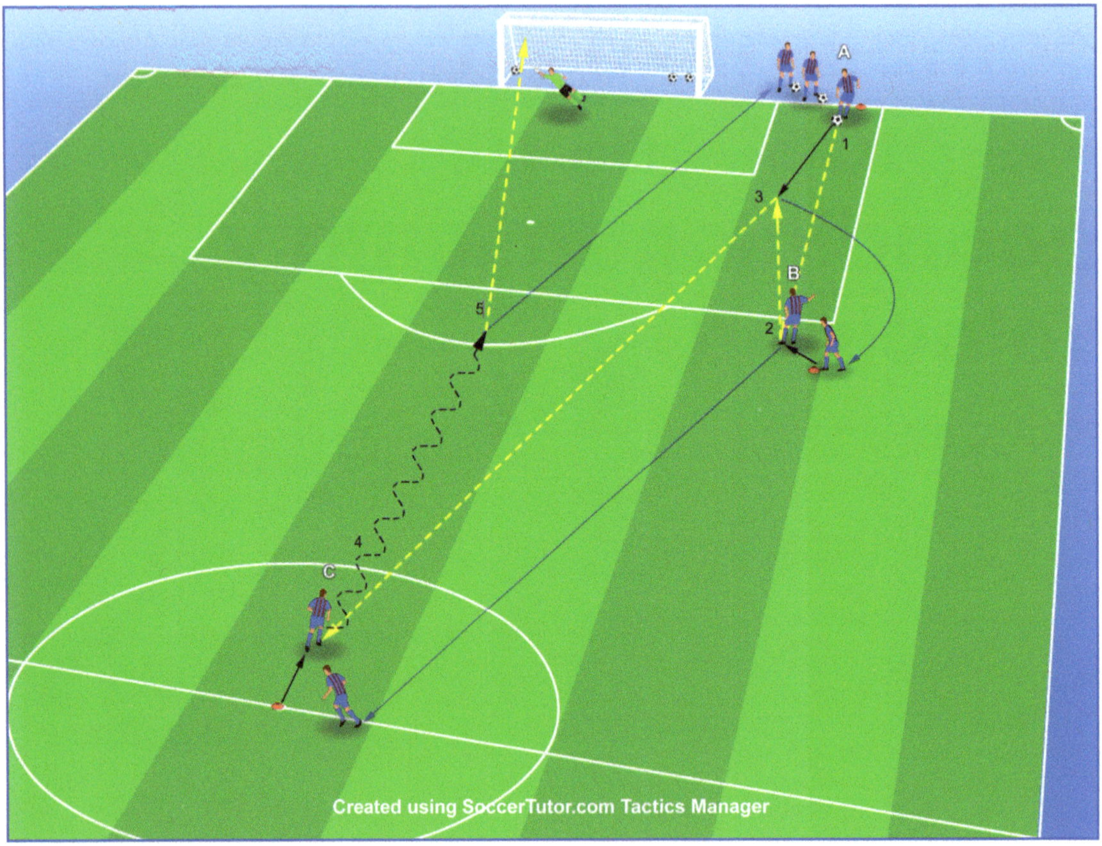

Los jugadores tienen 3 minutos de activación y 3 minutos de estiramiento antes de realizar 3 repeticiones de este circuito de calentamiento.

Descripción

1. El jugador A pasa a B.
2. El jugador A avanza para recibir el pase de vuelta de B (combinación 1-2).
3. El jugador A juega un pase largo a C.
4. El jugador C sale del cono para recibir el pase largo y dribla hacia la portería.
5. El jugador C dispara desde fuera del área penal.
6. Los jugadores rotan posiciones (A -> B -> C -> A) y la práctica continúa.

Fuente: Entrenamientos de Pep Guardiola del equipo B del Barcelona (2007-08)

Practicas Pep Guardiola: Juego combinado de acondicionamiento y velocidad

2. Pasar jugada combinada con doble uno-dos y tiro en un circuito de calentamiento

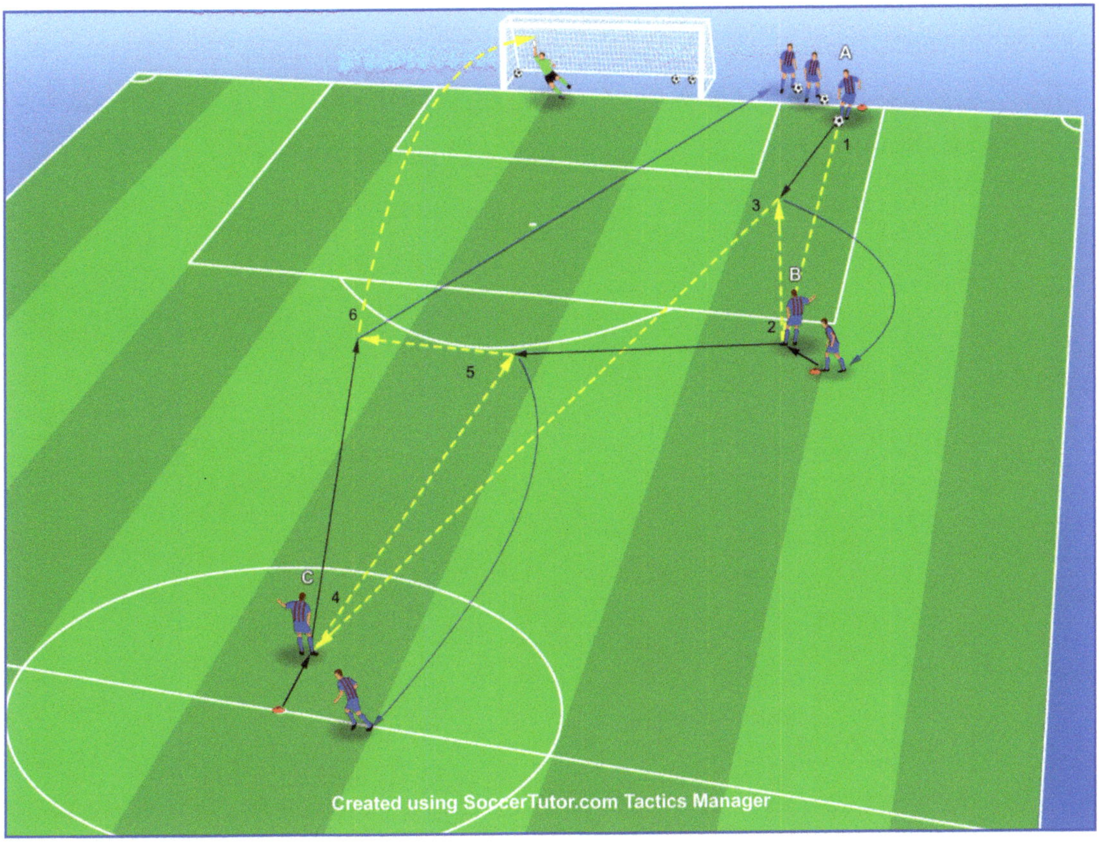

Los jugadores realizan 3 repeticiones de esta variación y continuación del circuito de calentamiento mostrado en la página anterior.

Descripción

1. El jugador A pasa a B.
2. El jugador A avanza para recibir el pase de vuelta de B (combinación 1-2).
3. El jugador A juega un pase largo a C.
4. El jugador C sale del cono para recibir el pase largo y pasa al centro para que B se mueva y reciba.
5. El jugador B pasa la pelota para que C corra hacia adelante.
6. El jugador C dispara desde fuera del área penal.
7. Los jugadores rotan posiciones (A -> B -> C -> A) y la práctica continúa.

Fuente: Entrenamientos de Pep Guardiola del equipo B del Barcelona (2007-08)

Practicas Pep Guardiola: Juego combinado de acondicionamiento y velocidad

3. Combinación doble uno-dos, cruzado y acabado en una práctica de velocidad

El entrenador usa una banda de resistencia alrededor de la cintura de A antes de moverse para pasar el balón

Los jugadores realizan 3 repeticiones en cada lado del campo, con 3-4 minutos de descanso entre ellas.

Descripción

1. El entrenador sostiene al jugador A en la espalda con una banda de resistencia alrededor de su cintura.
2. El jugador A se mueve para recibir la pelota.
3. El jugador A juega un pase de fichas al jugador B.
4. El jugador B retrocede y rodea al muñeco para recibir frente a él y pasar de nuevo a A (combinación 1-2).
5. El jugador A vuelve a pasar a B, que corre alrededor del poste para recibir.
6. El jugador B pasa amplio y alto por el flanco para la carrera larga y curva de A alrededor del poste.
7. El jugador A cruza al área de penalti.
8. El jugador B hace una carrera curva alrededor del poste hacia el área de penalti e intenta anotar desde la cruz.

Fuente: Entrenamientos de Pep Guardiola del equipo B del Barcelona (2007-08)

Practicas Pep Guardiola: Juego combinado de acondicionamiento y velocidad

4. Combinación uno-dos de ancho, cruce y remate en una práctica de velocidad y acondicionamiento

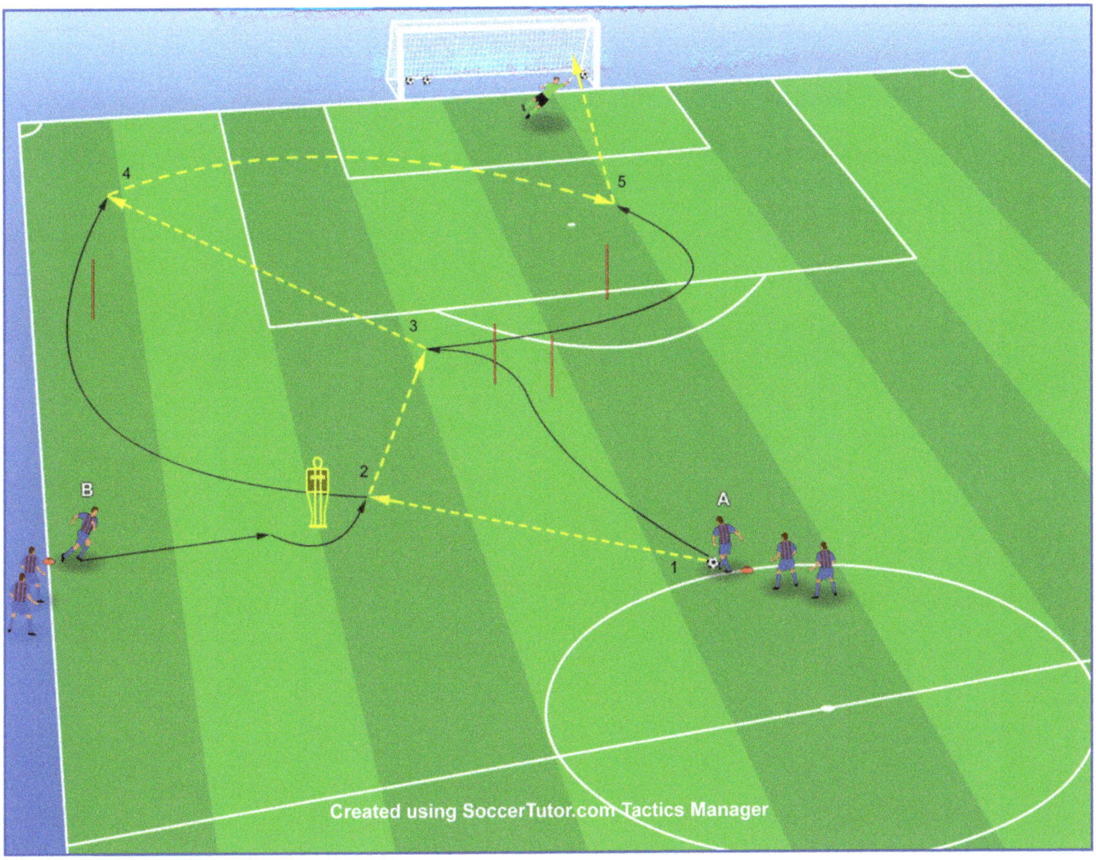

Los jugadores realizan una 1ª serie de 12 minutos y una 2ª serie de 10 minutos, con 2 minutos de descanso en el medio. El objetivo es una frecuencia cardíaca de 100 lpm.

Descripción

1. El jugador B pasa a A, quien corre hacia adentro de la línea y alrededor del muñeco para recibir.

2. El jugador B juega un pase adelantado oportuno a la izquierda de los postes para que A los reciba después de atravesarlos.

3. El jugador A se desmaya amplio y alto por el flanco para que B pueda correr, después de una carrera curva alrededor del poste.

4. El jugador B cruza al área de penalti.

5. El jugador A hace una carrera curva alrededor del poste y hacia el área de penalti para intentar anotar desde la cruz.

Fuente: Entrenamientos de Pep Guardiola del equipo B del Barcelona (2007-08)

Practicas Pep Guardiola: Juego combinado de acondicionamiento y velocidad

5. Recibir para cruzar y cronometrar carreras hacia el área de penal en una práctica de resistencia a la velocidad

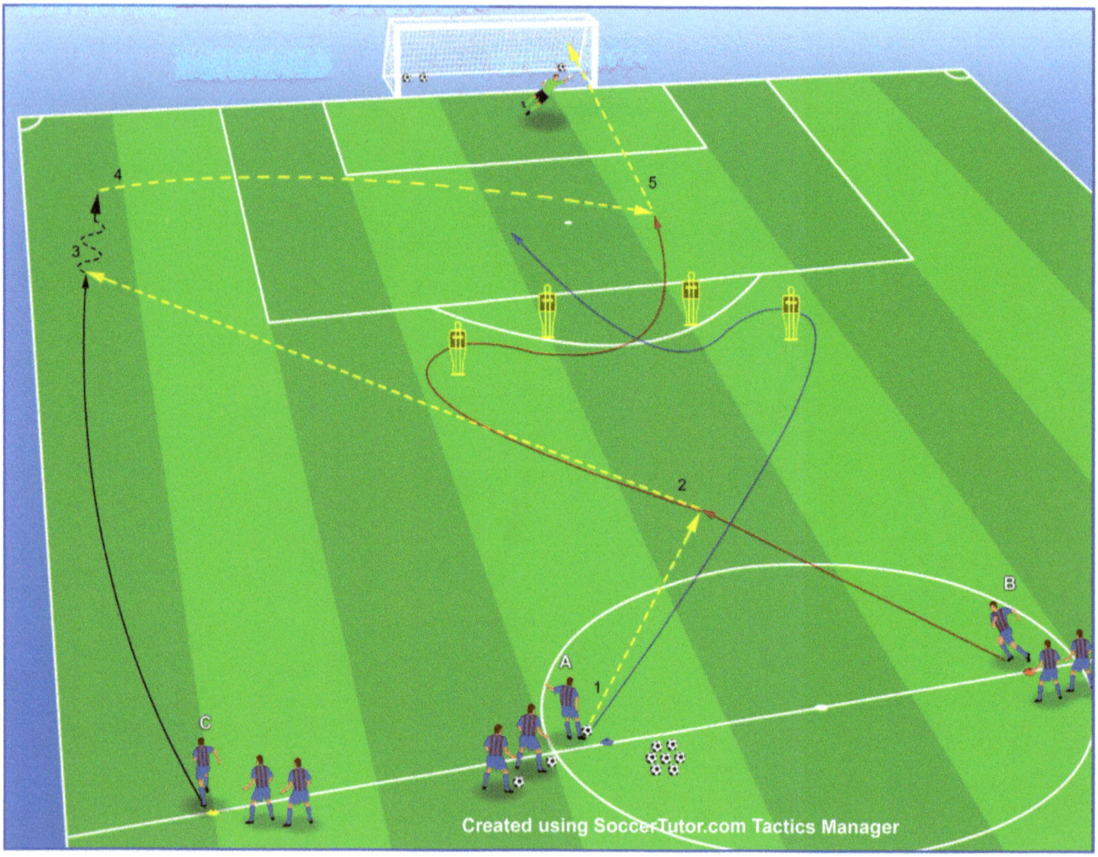

Los jugadores realizan 3 repeticiones a cada lado del terreno de juego.

Descripción

1. El jugador A pasa al centro para que B lo alcance.

2. El jugador B pasa alto por el flanco para la carrera hacia adelante de C.

3. El jugador C recibe y regatea hacia adelante.

4. El jugador C cruza el balón para sus 2 compañeros de equipo que se aproximan (A y B).

5. Tanto A como B han hecho carreras curvas entre los muñecos, luego realizan carreras cruzadas en el momento oportuno hacia el área de penalti para intentar anotar desde la cruz.

6. Los jugadores rotan posiciones (A -> B -> C -> A) y la práctica continúa.

7. Después de 3 repeticiones cada una, repita con el jugador C colocado en el lado derecho del campo.

Fuente: Entrenamientos de Pep Guardiola del equipo B del Barcelona (2007-08)

Practicas Pep Guardiola: Juego combinado de acondicionamiento y velocidad

6. Juego de combinación rápida con descarga, carrera superpuesta, centro y llegada

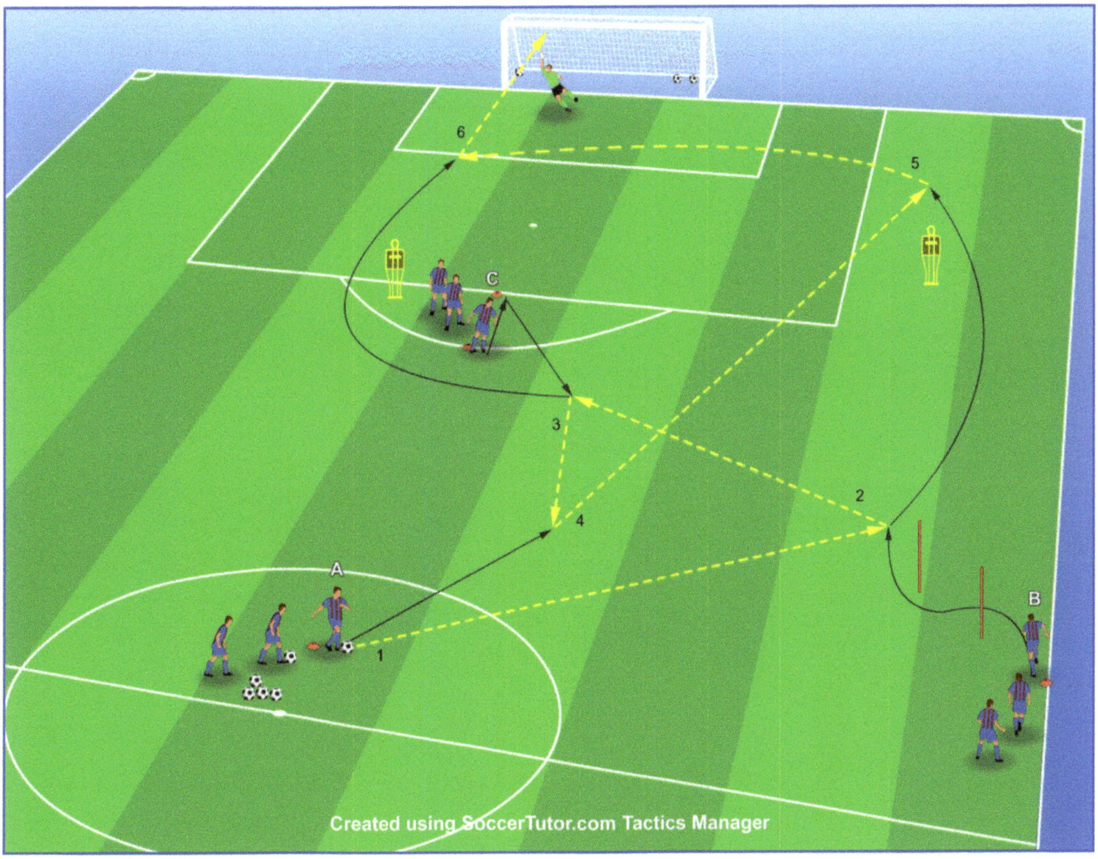

Los jugadores realizan 3 repeticiones en cada lado del campo, con 5 minutos de descanso entre ellas.

Descripción

1. El jugador A pasa para que B lo alcance.
2. El jugador B corre entre los postes para recibir y pasar al jugador C.
3. El jugador C avanza y luego retrocede para recibir, antes de pasar de nuevo a A.
4. El jugador A pasa amplio y alto por el flanco para la carrera hacia adelante de B (alrededor del muñeco).
5. El jugador B cruza la pelota para la carrera de C, quien hace una carrera curva alrededor del muñeco y hacia el área de penalti.
6. El jugador C intenta anotar desde el centro.
7. Los jugadores rotan posiciones (A -> B -> C -> A) y la práctica continúa.

Fuente: Entrenamientos de Pep Guardiola del equipo B del Barcelona (2007-08)

Practicas Pep Guardiola: Juego combinado de acondicionamiento y velocidad

7. Acciones combinadas, cruzar y finalizar en una práctica de velocidad y acondicionamiento

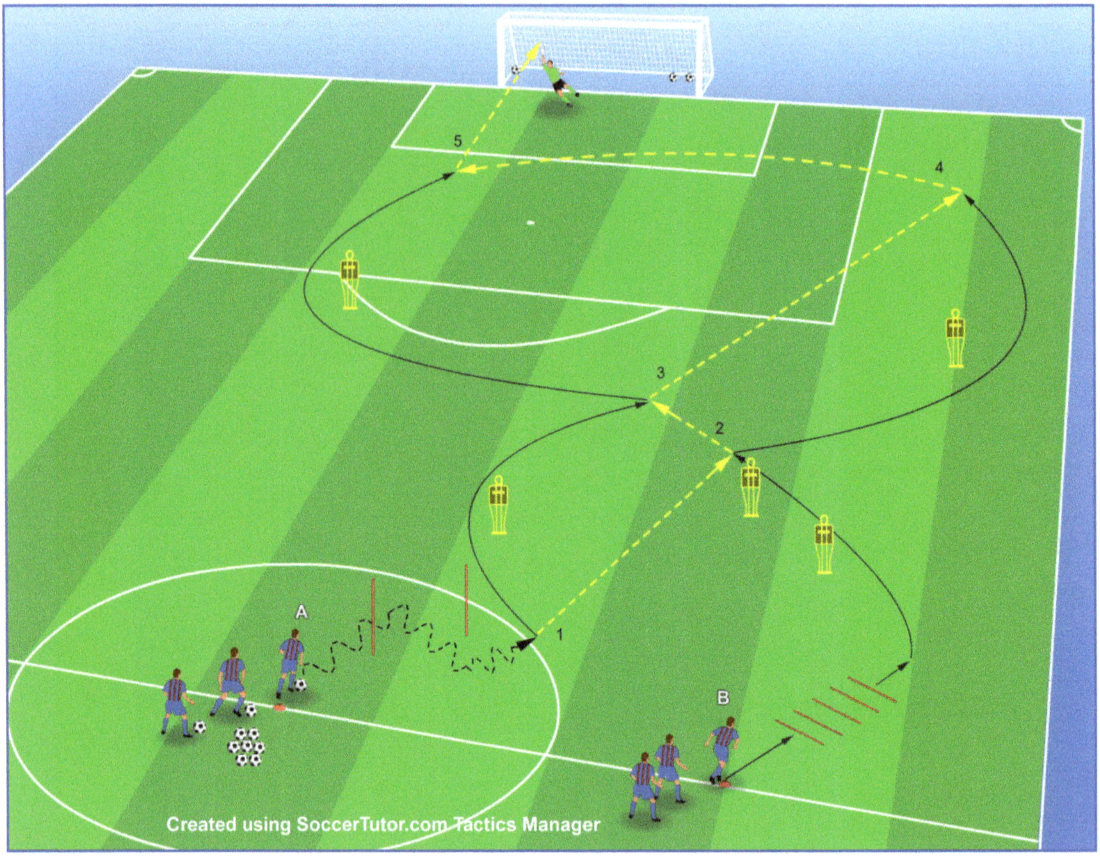

Los jugadores realizan una 1ª serie de 3 repeticiones y una 2ª serie de 4 repeticiones, con 4 minutos de descanso entre ellas.

Descripción

1. El jugador A regatea a través de las picas y luego pasa por delante de los 2 muñecos a su derecha. El jugador B recibe el pase en movimiento después de saltar a través de las picas del suelo y correr alrededor de los 2 muñecos.

2. El jugador B realiza un pase corto para A, que recibe tras una carrera curva alrededor de un muñeco.

3. El jugador A se desmarca para B, que corre alrededor de un muñeco para recibir en lo alto.

4. El jugador B cruza al área de penalti para la oportuna carrera de A (alrededor del muñeco).

5. El jugador A intenta marcar desde el centro.

Fuente: Entrenamientos de Pep Guardiola del equipo B del Barcelona (2007-08)

Practicas Pep Guardiola: Juego combinado de acondicionamiento y velocidad

8. Combinación uno-dos, carreras cruzadas y velocidad en el área de penalización en una práctica de resistencia de velocidad

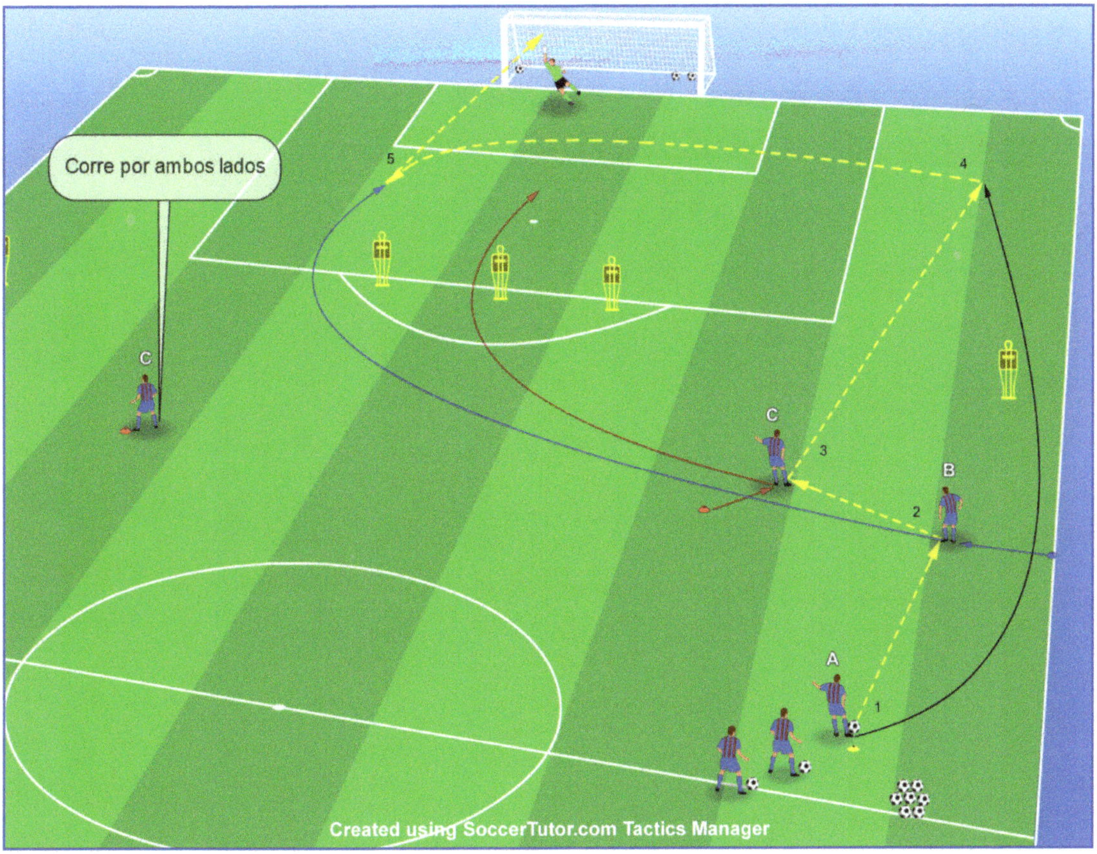

Corre por ambos lados

Los jugadores realizan 3 repeticiones en cada lado del campo, con 3-4 minutos de descanso entre ellas.

Descripción

1. El jugador A pasa hacia adelante a B, quien se mueve hacia adentro de la línea para recibir.
2. El jugador B pasa a C, quien se mueve fuera del cono para recibir.
3. El jugador C pasa amplio y alto por el flanco para la carrera larga y curva de A alrededor del muñeco.
4. El jugador A cruza el balón para sus 2 compañeros de equipo que se aproximan (B y C), quienes hacen carreras curvas alrededor de los muñecos hacia el segundo palo y hacia el centro respectivamente.
5. El jugador B o el jugador C intentan anotar desde el centro.
6. Los jugadores rotan posiciones: (A -> B -> C -> A).
7. Repite la práctica en el lado opuesto.

Fuente: Entrenamientos de Pep Guardiola del equipo B del Barcelona (2007-08)

PRUEBA GRATUITA

Especialistas en el Entrenamiento del Fútbol desde 2001

TACTICS MANAGER
Disponible en español

www.SoccerTutor.com/TacticsManager
info@soccertutor.com

PC Mac iPad Tablet Web

Football Coaching Specialists Since 2001

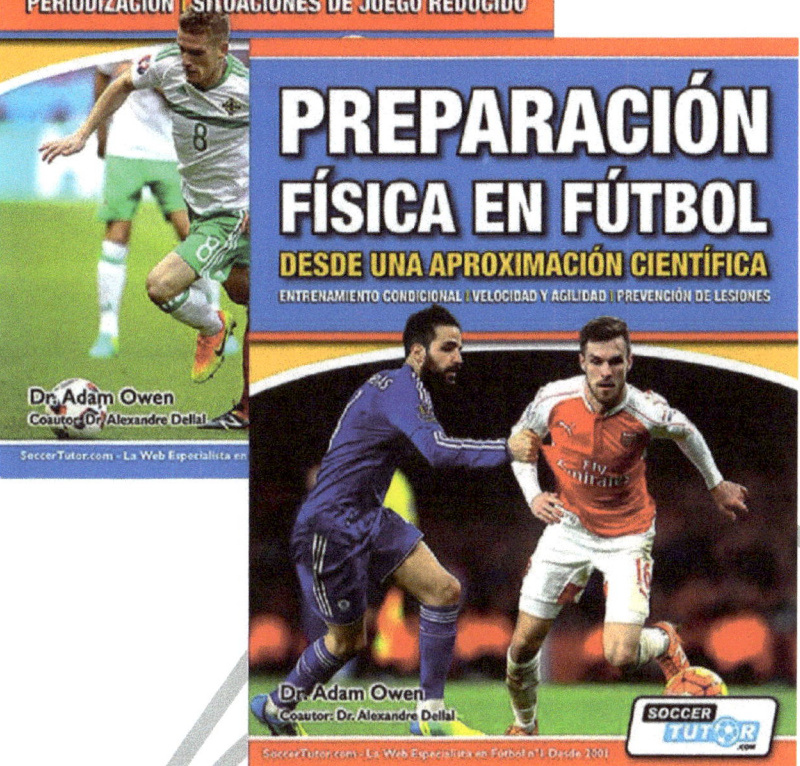

Disponible en formato a color y eBook!
PC | Mac | iPhone | iPad | Android Phone / Tablet | Kindle Fire | Chomebook

 **FREE COACH VIEWER APP**

www.SoccerTutor.com

Otros grandes libros también disponibles en **abfutbol.es**

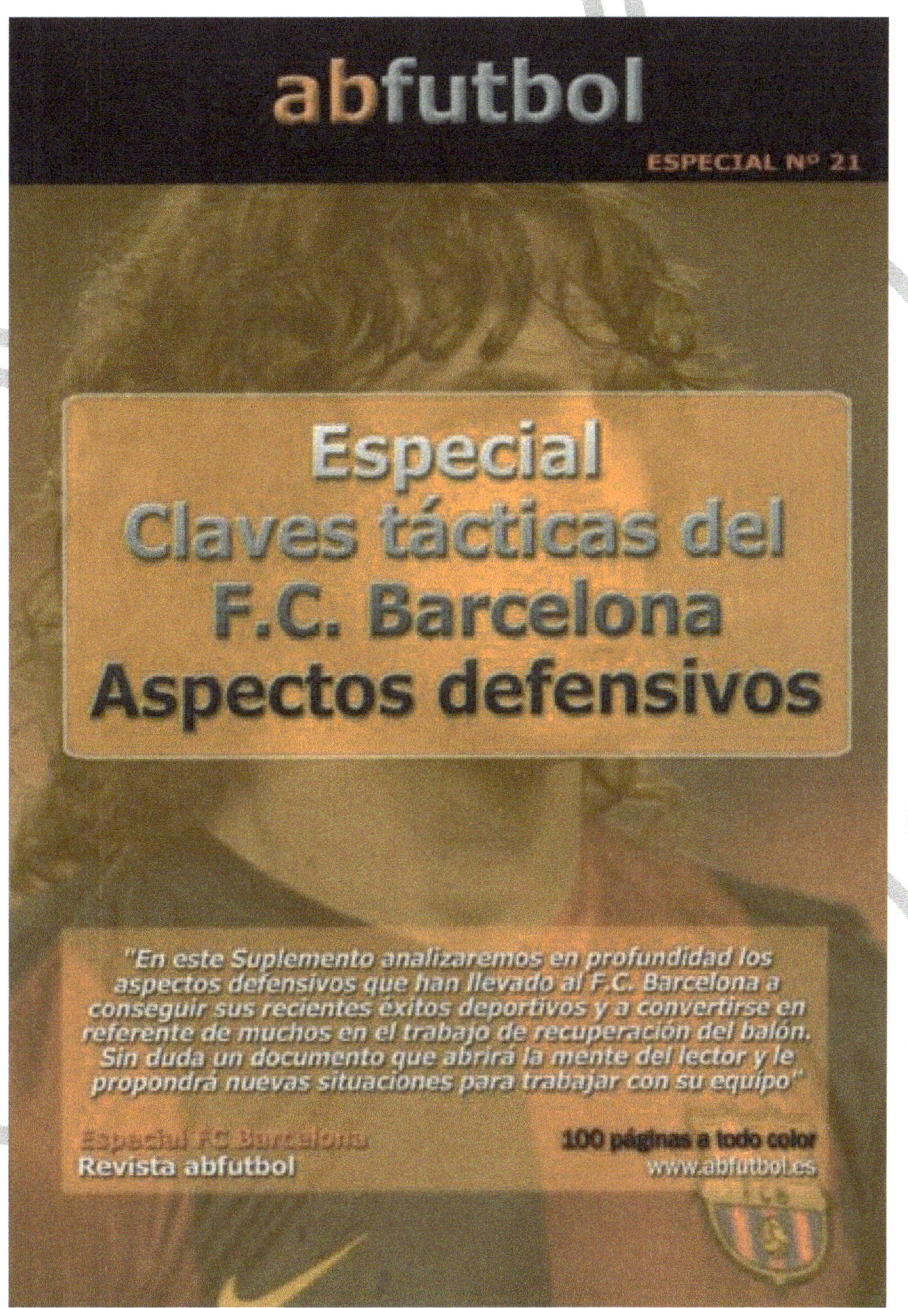

Otros grandes libros también disponibles en **abfutbol.es**

www.ingramcontent.com/pod-product-compliance
Lightning Source LLC
Chambersburg PA
CBHW061209230426
43665CB00028B/2962